障害者の経営学

雇用から起業へ

寺島雅隆

はしがき

私は二〇一五年に高血圧により脳出血となり、身体障害者二級となった。その後、復職し、障害者に関する研究を続けている[1]。これは学術書であるが、少し変わっているのは、障害者による障害者のための書であるということだ。もちろん、読者は障害者に限定されないが、障害者になってみて、障害を通して社会を見ていくと様々な問題と疑問に直面した。

私の観点は、主に働くことにおいてであるが、それは雇用と起業という健常者と変わらぬカテゴリーの問題でもあった。例えば、障害者であっても、生活を抱えて働かねばならないとして、賃金が一ケ月一万円だったとしたら、誰にどう訴えて改善を求めればいいのだろうか。吉藤オリィこと、吉藤健太朗氏は障害者（高齢者も含めて）のことを「先輩」と呼んでいるが、健常者であっても、いつ障害者となるかはわからない。そういう意味で障害者と健常者は、お互い壁（バリア）の外の存在ではなく、連続した存在であり、紙一重のものといえる。

それにも関わらず、健常者から障害者は、なかなか見えにくい。障害者となった実感でいえば、身体的にも社会的にも課せられた十字架を背負っていると感じる。その十字架は、宗教的な意味ではなく、一言でいえば、生きにくいということである。もちろんすべての障害者がそうであるといえるはずもないが、働くということを金銭的数値に置き換えて考えてみれば明らかである。例えば、時給一〇〇〇円のバイト（スーパーマーケットのカート運び等）があるとして、右半身が麻痺した私の場合、健常者の半分も作業をこなせないであろう。雇い主は、厚意から雇っているが、時給五〇〇円が相当であろう。しかし、私はといえば、半分とはいえその量をこなすのに、おそらく健常者の何倍も苦労を強いられる。

このように障害者の労働は、非対称なことが多い。賃金が時間に対する苦労の量だとすれば、その労働は時給二〇〇〇円以上の価値のはずである。しかし、私は雇い主に対し、時給二〇〇〇円を主張できないことを承知している。なぜなら、雇い主は時給一〇〇〇円で、私の倍以上に作業をこなす代替え労働者を見つけることが容易だからである。雇い主に賃金アップの交渉はできるが、クビも覚悟しなければならないだろう。おわかりのように、賃金は時間に対する苦労の量などではなく、労働の対価であり、賃金は主に需要と供給の関係で決まる。その意味で、一般的に障害者は健常者に比べ、競争力がなく、社会福祉の領域で保護されるべき存在であるともいえる。しかし、すべての障害者が経済的に低い水準に甘んじなければならないのだろうか。

私は、調査の中から、身体障害者一級であっても起業し、従業員さえ抱えている障害者を発見してきた。彼にはなぜそれが可能で、顧客はなぜ彼に仕事を出すのであろうか。もちろん、障害者が起業することは容易ではない。心身の健康を保つだけで時間と精力が奪われるのに、まして何の公的援助等がなく、健常者と同等にビジネスを展開していることは、健常者以上の重圧を撥ね退けていることが想像できる。

---

1 下記が参照できる。拙著「脳出血から職場復帰——身体障害者2級となって」『障害学研究15』二〇二〇年

本書では、「雇用から起業へ」が副題となっているが、けっして障害者を起業家にすることが目的ではない。まずは、障害者が置かれた立場における学問的位置を把握し、さらに社会的位置と事例の認識を通して、どうすれば希望を実現できるのかを模索することが目的である。起業は、その希望を実現するための手段の一つである。起業においては、健常者同様、リスクを孕み、成功できるのは一握りである。

健常者は、障害者のことを生活保護の予備軍であり、起業の失敗による自己破産は、健常者に比べリスクが低いとみるかもしれないが、その失敗による精神的な喪失は健常者と変わらないし、むしろその喪失は健常者以上と考えられる。なぜなら、健常者でも病気が重い時に、さらに精神的ダメージが降りかかると、その心身共の挽回は容易でないことは想像されるように、障害者がその精神的喪失を乗り越えるには、健常者以上に困難が伴うことが予想できる。したがって、本書では、障害者による起業を安易に勧める立場にはない。しかし昨今、起業する障害者が目立ち始めたのも事実である。その背景を分析するのも本書の役割の一つである。

時代と共に障害者のイメージや役割は変化する。障害は負でしかなく、隠すべく、もしくは排除すべきものとして社会認識した時代もあったが、現代では障害を表出化し、活用する時代にもなった。その意味で、社会が障害をどう捉え、障害者をどのように用いていくかについても変遷し、障害者においてもその変化を認識して、主体的に決定していくことになる。民主社会に限定されなくても、人々の意見や感情は社会を変容させ、その変容がまた人々に影響していく。障害者の数は、日本の人口の一〇%弱ほどであり、世界においても大差はない。ＬＧＢＴの人口も同程度である。マイノリティは一定の変化の要因であり、障害者の変化は社会全体の変化へと繋がっている。その変化の一片を現時点において、なるべく丁寧に紐解き、その認識を通して障害者ゆえの閉塞感や鬱屈感に留まらない、各々が望む人生や社会の到来を目指して書を進める。

二〇二〇年　三月三〇日

寺島雅隆

目次

第一章　障害者と学問

障害は学問の対象であった。

「特殊科学の領域は、事実の一つの類genusに制限されている、つまりその類の外部に在る事実に関してはいかなる言明も不可能だという意味で。或る科学が或る一組の事実に関して自然に現れてきたという事情そのものが、次のことを保証している、すなわちそのタイプの事実が、全人類にとって極めて明白であるような限定された関係をその事実の間にもっているということを、である。諸事物についてのその共通の明白さは、事物についての明快な理解が生存survivalの目的ないし享受enjoymentの目的のためにすなわち「存在」beingの目的ないし「幸福」wellbeingの目的のために——直接の重要さを担う時に、現れるのである」（一三頁）

［A・N・ホワイトヘッド（平林康之訳）『過程と実在Ⅰ』みすず書房］

経営学のはじまり

本書は、障害者に関係するものだが、本書の副題は、「雇用から起業へ」である。わかりやすくいえば、障害者が働くことが主な課題である。働くとは、すなわち金銭を得て、生活を営むことのためにおこなわれる通常の行為である。

労働経済学者の川口大司は、『労働経済学――理論と実証をつなぐ』において、労働力とは「人口のうち賃金や利潤を得るために働いている、あるいは職を探していて働くことができる状態にある人々のこと」（一一頁）と述べており、金銭を得るための手段こそ働くことである。この働くことは、単純に身体を酷使することを意味するのではなく、住宅経営やデイトレーダー等の不労所得も含まれる。働くことにおいては、経済学、経営学、社会学などの社会科学が主に関係している。学問には問いがあるが、本書の問いは、障害者が働く、すなわち金銭を得ることについてであるので、思弁的なことよりも実践的なことに視点は振り向けられている。とはいえ、本書の立ち位置を述べておきたい。

経済学者の中島隆信は『障害者の経済学』において、「経済学の視点は常に社会全体にあり、必ずしも特定の人や業界の利益には向いていない」（一五頁）と述べている。しかし、本書が特定の事例や業種に注目しているのは、経営学に足場を置いていることによる。まして、金儲けにまで口を出そうとしているのだから、学問的な批判が予想できる。しかし、障害者にとって、障害者がなぜ社会的にそうであるかを構造的に説明し、どうすればそれを脱することができるかという視点を提供することも学問の必要な一つであろう。では、それが経営学の範疇で可能なのだろうか。学問には始まりがあり、それを踏まえて説明したい。最初に構図を簡単に述べておくと、経営学は経済学から分化し、一〇〇年ちょっとの歴史を有するということである。

経済学の父と称されるアダム・スミス（Adam Smith）は、『国富論』を一七七六年に著した。その後、リカード（David Ricard）、マルサス（Thomas Robert Malthus）、J・S・ミル（John Stuart Mill）、マーシャル（Alfred Marshall）らが古典派経済学を発展させていった。ここでは人間は、経済活動において自己利益に従って行動する合理的な存在であるホモ・エコノミクス（経済人）として想定された。経済人が個々に利益を追求しても、社会全体において適切な資源配分が可能なのは、神の「見えざる手」があるからだとされる。この考えは、新古典派経済学へも受け継がれ、経済人による行動分析は限界効用理論や、マクロ市場における自由競争による市場の均衡は一般均衡理論へと結びついた。

それに対し、経営史学者で「組織は戦略に従う」で有名なチャンドラー（Alfred D.Chandler,Jr）は、企業の台頭に注目し、経営者階級の出現に言及した。チャンドラーは、一九七七年に『THE Visible Hand』を著し、トップマネジメントとミドルマネジメントとローワーマネジメントにおける階層構造を示すとともに次のように述べている。「一連の有給のミドルの管理者とトップの管理者によって運営される複数単位制企業は、まさしく近代的と呼ぶにふさわしいものである。しかし、このような企業は、合衆国においては、一八四〇年まで存在していなかった」（七頁）。この本の邦訳は『経営者の時代』であるが、直訳すればまさに「見える手」であり、「見えざる手」からの時代変化を象徴している。チャンドラーのいう近代化とは、経済の主役として企業が考えられる時代を示している。このように経営者階級が出現し、経営者による資本主義へと変遷したことにより、経営そのものに対する学問が必要とされ、経営学は発展していくことになる。

経営学者の福永文美夫も、『経営学の進化―進化論的経営学の提唱―』の中で、「経営学は一五〇年余りかけて古典派経済学の中で胚胎していた」（二七八頁）とし、新古典派経済学が看過した人間的側面は古典派経済学では未分化であったとした上で、経済学から経営学が派生した理由として、「テイラーやバーナードなど経済学者でない実務家が、実践から生み出したマネジメントという観念によってそれまで経済学が扱っていた人間的側面を経営学の書物に著していったことにつきる」（二七八頁）と述べている。近代化とはまさに企業や組織をマネジメントすることが求められた時代である。このマネジメントこそ経済学から分化して経営学を誕生させた要因の一つと考えることができる。

では、最初の経営学とは誰が、どういう必要から始めたのであろうか。それは経済学同様はっきりしている。それは、フレデリック・ウィンズロー・テイラー（**Frederick Winslow Taylor**）であり、科学的管理の父と称され、経営学の祖として考えられている[2]。その主著は、一九一一年の『科学的管理の原理：**The Principles of Scientific Management**』であった。

当時は、成り行き任せの作業管理をするのが一般的であったが、テイラーは作業の科学を考案した。そこには三つの狙いがあったとされる（七頁）。一つは、日常的な振る舞いが非効率で損失を被っていることを指摘すること、一つは、非効率の解消策は体系だった管理にあることを納得させること、一つは、原則をよりどころとし、マネジメントという科学により、あらゆる人間活動に当てはまることを示すことである。そして「雇用主に限りない繁栄をもたらし、かつ働き手にも最大限の豊かさを届けるのがマネジメントの主な目的であるべきだ」（一〇頁）と、科学的管理の手法がマネジメントであることを示している。そしてマルクス主義とは異なり、「科学的管理法は、雇用主と働き手の利害は、最終的には一致するという揺るぎない信念をよりどころにしている」（一〇頁）と述べている。そして、「望める限りの最高の豊かさを手にするためには誰もがどこまでも効率を追求し、日々の出来高を最大限に増やすほかにはない」（一〇頁）と、効率を考えたマネジメントが真骨頂であることを表明している。

その効率を阻むのは、「労働者を蝕む最大の悪習」（一四頁）である怠業だと述べている。その怠業の原因は二つあって、一つは「人間は生まれながらに楽をしようとする傾向があり」、もう一つは「計画的に手加減することである。後者の計画的手加減は、「たった半分の仕事量で同じ賃金をもらっているなら、自分だけがむしゃらに仕事をするのはばかげている」という理屈が通用する場合が考えられる。これに対してテイラーは、労働者が出来高制の認知をしないことを前提に、次のような解決策を提示する。「一般的な日給制の最も望ま

2　ジュール・アンリ・ファヨール（Jule Henri Fayol）も並び称される。ファヨールは、フランスの鉱山技師、地質学者、企業経営者で経営学者であり、『産業ならびに一般の管理』（一九二九年）を著し、管理過程学派の始祖であり、近代管理論の父とも呼ばれる。

しいかたちは、効率を記録して成果の向上に合わせて賃金を上げ、一定の目標に達しないものを解雇し、代わりに選り抜きの新人を補充するというものであり、この場合、悪気のない手抜きも計画的な怠業もほぼ影を潜めるだろう」（二五頁）。テイラーは作業管理者として活躍したゆえに、実際的知恵が滲み出ている。

科学的管理法とは、「すべての働き手を対象に、不必要な動作を省き、非効率で鈍い動作を手際よい動きに改めると、時間の節約と生産量の増大が実現する」という作業、および作業工程の改善である。それを担うのが、作業管理者、すなわちマネジャーであり、そのマネジメントなのである。それゆえにテイラーは、「経営層と最前線の働き手が、このように密接に協力し合うことこそ時代の先端を行く科学的管理法の神髄である」（三〇頁）と述べている。

テイラーは、自らの機械工場における経験から、いくつもの具体的事例を示している。例えば、シャベルすくい作業の研究においては、「すくおうとする中身に応じて、八から一〇種類ほどのシャベルを用意」し、すくう中身に応じてシャベルを選定し、各一回当たりどれぐらいすくうか明示し、どの部分にシャベルを突っ込むかを指示している。そして、ノルマを下回った作業者は日給が低く、「長くいまの仕事にとどまれるのは稼ぎのよい者だけである」（八一頁）。ただテイラーは、管理が合理的なものだけではないことを現場経験から理解していた。実際に、「これらを実現するには、マネジャー層の温かい協力が欠かせない。また、個別対応をしない場合と比べると、組織や体制もはるかに複雑になる」（八二頁）と非合理な側面ものぞかせている。そして、賃金においても「相場の六割増しどころか、さらに賃金が跳ね上がると、仕事ぶりにムラができるほか、やる気をなくす、浪費がちになるといった傾向が多少なりとも生まれる」（八七頁）と述べ、機械ではない人間行動のおもしろさが表されている。

テイラーは、作業効率を上げるための経営手法を提示した。それは作業と作業工程の標準化であり、経営者と作業者の改革が含まれ、マネジャーの存在が経営と組織にとって重要なものになってきた時代変化を牽引している。この手法は、ヘンリー・フォードによって、フォードシステムとして確立する。それは一九一〇年代に、フォードがフォード自動車会社で実施した大量生産方式であり、機械部品の規格化とコンベヤーによる移動組立法を結合し、飛躍的な生産能率の向上と原価の引き下げを実現したことに繋がる。この生産手法は、チャップリンの映画『モダン・タイムス』で表現されるように、作業する人間の機械化として揶揄された。

経営学は、人間の労働を管理、ないしマネジメントするものとして誕生し、発展していく。その後の経営学の流れを説明するのが本書の意図ではないので簡略化するが、その後、心理学者のエルトン・メイヨー（George Elton Mayo）や経営学者のフリッツ・J．レスリスバーガー（Roethlisberger, F. J.）が、一九二四年にシカゴ郊外のウエスタンエレクトリック社のホーソン工場で実験をおこなった。その結果から、テイラーの科学的管理法を反証した。ホーソン工場の実験は大きく三回おこなわれたが、第一回は、メイヨーらは工場の作業場の明るさに注目し、照度が作業効率に影響を与えるかの実験であった。当然、メイヨーらは照度が落ちると作業効率が下がると予想していたのだが、照度を下げても作業の効率は下がるどころか、上がっていくという矛盾が生じた。その後、作業員からの聞き取り等や観察によって明らかになるのだが、その作業をした人間はホーソン工場を代表しているという自負があり、環境が劣化してもなお頑張り続けたということから、メイヨーらは科学的管理よりも、モチベーションこそ作業効率や生産性を上げると結論付けた。

メイヨーらは作業内容を変えて第二回（組み立てリレー）、および第三回（電子交換機器の端子の配線作業）の実験をおこなった。具体的には、部屋の温度・湿度を上げたり下げたり、休憩を与えたり与えなかったり、軽食を与えたり与えなかったり、賃金を上げたり下げたりすることで作業効率を計測した。その結果からわかったことは、労働意欲には環境や賃金よりも、職場の人間関係、特に作業管理者との関係、また仕事に対する気持ちといった感情的な部分が大きく関係することであった。テイラーが客観的な労働条件こそ作業効率を上げると考えたのに対し、メイヨーらは主観的な感情の方が作業効率を左右すると考えた。経営学上では、テイラーの科学的管理法を古典理論、それに対しメイヨーらの人間関係論を新古典理論と整理している。そして、メイヨーらの流れは、アブラハム・ハロルド・マズロー（Abraham Harold Maslow）やフレデリック・ハーズバーグ（Frederick Herzberg）の動機付け（モチベーション）理論に結びつき、産業心理学や組織行動論等へ影響していった。

同じ時期に経済学とたもとを分けた社会学とは違い、企業組織の効率化や生産性を扱う経営学は、マーケティングや会計学などの実学が多く、より実践的な学問の印象を受ける。テイラーやファヨールは経営に近いところにいた実務家であったし、経営学の大家であるバーナードも同様であった。それに比べ、社会学は橋爪大三郎が著した『社会学講義』によると、「ジンメル、デュルケム、ウェーバー。——中略——彼ら三人の巨人たちによってはじめて、アナロジーの域を脱した『社会学のロジック』が成立した」（三三頁）としており、学問のはじまりにおいて経営学との指向性の違いが認識できる。

マネジメントとイノベーション

経営学は、能率（時間内の生産量）と効率（生産性とコスト）を考える学問として始まった。そういう意味では、障害者の働きを考える上で、最も相応しい学問の一つといえる。その経営学の中心の一つがマネジメントであり、マネジメントといえば、ピーター・ドラッカー（Peter Drucker）がマネジメントの発明者として有名である。ただ、ドラッカーは一般的には経営学者に分類されるが、自らは社会生態学者を自認していた。ドラッカーの論文を訳した『すでに起こった未来』によると、造語である社会生態学（social ecology）とは、科学であることを否定し、「人間によってつくられた人間の環境を、生き物を見るかのごとく、全体から把握しようとする体系」を意味し、「社会生態学は、分析することではなく、見る事に基礎を置く。知覚する事に基礎を置く。社会生態学と社会科学との違いはここにある」（三二二頁）としている。つまり、ドラッカーは経営に限らず、社会全体を俯瞰する学者であることを自任していたことが理解できる。

ドラッカーは『マネジメント』において、「今やあらゆる先進社会が組織社会になった。主な社会的課題はすべて、マネジメントによって運営される永続的存在としての組織の手にゆだねられた」（一頁）として、組織の重要性とそれを束ねるマネジメントという技術を強調した。では、マネジメントとは何か。それは、組織との関係において規定される。まさに経営学は、研究対象を組織に置いている。経営学の古典・新古典理論を統合するバーナード革命を経て、経営学を近代理論・近代組織論へと導いたチェスター・アーヴィング・バーナード（Chester Irving Barnard）は、一九三八年に著した『経営者の役割』の中で、組織とは「二人以上の人々の意識的に調整された活動ないし諸力の体系」（七五頁）と定義した。また、田島壮幸らによる『経営学用語辞典』では、組織を「1人の人間の力では実現できないような困難な目標を達成しようとするときに生じる複数の人間の協同」としている。いずれにしろ、目的のもとに集まった複数人の集まりということができる。バーナードは同著で、道路に一人では動かすことのできない大きな石が、通行の邪魔になっている時に、人々が力を合わせて石をどかせば、そこに組織が出現すると述べている。組織が単に機能面のみならず、構造的関係にも注目しなければならないが、この組織が烏合の衆ではなく、組織たらしめているのがマネジメントという存在である。言い換えれば、グループではなく、組織をチームたらしめているのが、マネジメントという機能であり、技術なのである。

しかし、このマネジメントは明確な定義ができず、ドラッカーが『マネジメント――基本と原則』の中でいうように、「マネジメントをその役割によって定義しなければならない」（九頁）。続けてドラッカーは、社会貢献のための三つの役割を強調する。三つとは以下である。「①自らの組織に特有の使命を果たす。マネジメントは、組織に特有の使命、すなわちそれぞれの目的を果たすために存在する。②仕事を通じて働く人たちを生かす。現代社会においては、組織こそ、一人ひとりの人間にとって、生計の資、社会的な地位、コミュニティとの絆を手にし、自己実現を図る手段である。当然、働く人を生かすことが重要な意味を持つ。③自らが社会に与える影響を処理するとともに、社会の問題について貢献する」（九頁）。このように、ナチスの台頭によりオーストリアからアメリカに渡ったドラッカーならではの組織観が垣間見られる。

ドラッカーの活躍と呼応するように、時代はフォード生産方式から、大野耐一らが考案した「トヨタ生産方式」（ＪＩＴ）へと移行し、マネジメントが重要視された。しかし、ここでは第二次産業における組織と生産が重要テーマであったが、時代の主軸は、徐々に第二次産業から第三次産業に移行してゆく。例えば、ドラッカーは『断絶の時代』において、次のように述べている。「新産業は、いわゆる近代産業とは異なり、肉体労働者ではなく、主として知識労働者を雇用する」。「その基盤は、訓練や経験ではなく、知識にある。このことは他の新産業についてもいえる」。「これからの新産業は量ではなく、質の変化をもたらす。それらの新産業は、構造、基盤、社会との関係において、今日の近代産業とは異質である。それは量の変化をもたらすだけではない。一つの完全な断絶を意味する」（三八〜三九頁）。この断絶とはドラッカーが『ポスト資本主義』でもいっていることだが、労働が、肉体労働者から知識労働者に変わっていく変化を意味する。ドラッカーは、未来学者の異名を持つことから、その変化を視野に収めている。

つまり、テイラーが作業効率を考えた肉体労働に対するマネジメントから、知識労働であるＩＴ（情報技術）やＩＯＴ（モノのインターネット）への断絶的変化により、産業構造や労働者に必要とされる教育やスキルが変わることに繋がっていく。それは、マネジメントの時代から、イノベーションの時代へとパラダイムシフトが起きたことを示している。ＩＯＴをはじめ、ＡＩ（人工知能）、ビッグデータ（情報集積）、ロボットは第四次産業革命といわれる。内閣府の日本経済白書の説明によれば、第四次産業革命とは次の説明となる。「一八世紀末以降の水力や蒸気機関による工場の機械化である第一次産業革命、二〇世紀初頭の分業に基づく電力を用いた大量生産である第二次産業革命、一九七〇年代初頭からの電子工学や情報技術を用いた一層のオートメーション化である第三次産業革命に続く、次のようないくつかのコアとなる技術革新を指す」（第二章七三頁）。第四次産業革命の時代となると、マネジメントからイノベーションへと重要性が移り変わることになる。

ドラッカーは、『現代の経営』の中で、「企業の目的が顧客の創造であること」（四七頁）を明言し、そのための機能として、続けて次のように述べている。「企業には二つの基本的な機能が存在することになる。すなわち、マーケティングとイノベーションである。この二つの機能こそ、まさに企業家的機能を他のあらゆる人間組織から区別する」（四七頁）。ドラッカーは『マネジメント』の中で、マーケティングを次のように説明する。「真のマーケティングは顧客からスタートする。すなわち現実、欲求、価値からスタートする。」「マーケティングの理想は、販売を不要にすることである。マーケティングが目指すものは、顧客を理解し、製品とサービスを顧客に合わせ、おのずから売れるようにすることである」（一七頁）。まさにプロダクトアウトであった第二次産業的考えから、ユーザーインの第三次産業的考えの移行を示している。

一方、ドラッカーは『マネジメント』の中で、イノベーションを次のように説明する。「イノベーションすなわち新しい満足を生み出すことである」。「イノベーションとは、人的資源や物的資源に対し、より大きな富を生み出す新しい能力をもたらすことである」(一八～一九頁)。マーケティングのユーザーインと比べ、イノベーションは参照するものが存在しない。しかし、イノベーションの始まりと、その機能を参照することによって、その概要を理解したい。

イノベーションを最初に唱えたのは、経済学者のヨーゼフ・シュンペーター (Joseph Schumpeter) であった。一九一二年に著された『経済発展の理論――企業者利潤・資本・信用・利子および景気の回転に関する一研究〈上〉』によれば、新結合 (イノベーション) とは次の五つの場合を指す。

「1．新しい財貨、すなわち消費者の間でまだ知られていない財貨、あるいは新しい品質の財貨の生産。

2．新しい生産方法、すなわち当該産業部門において実際上未知な生産方法の導入。これはけっして科学的に新しい発見に基づく必要はなく、また商品の商業的取扱いに関する新しい方法をも含んでいる。

3．新しい販路の開拓、すなわち当該国の当該産業部門が従来参加していなかった市場の開拓。ただしこの市場が既存のものであるかどうかは問わない。

4．原料あるいは半製品の新しい供給源の獲得。この場合においても、この供給源が既存のものであるか、単に見逃されていたのか、その獲得が不可能と見なされていたのかを問わず、あるいは始めてつくり出されねばならないかは問わない。

5．新しい組織の実現、すなわち独占的地位 (たとえばトラスト化による) の形成あるいは独占の打破」(一八二〜一八三頁)。

現代では、財貨・生産方法・販路・供給源・組織以外にもイノベーションは可能であることは認知されている。いずれにしろ、シュンペーターは資本主義において、経済発展するのはイノベーションの役割が大きいことを歴史上初めて書物に明記した。ドラッカーは、『断絶の時代』において、「経済発展こそ今日の経済の目標の一つである」という命題において、貯蓄や投資が経済発展をもたらすという仮説は「経済発展の原因というよりは、むしろその結果としてみるべきである」(一四七頁)とした上で、シュンペーターについて以下のように述べている。「経済学者ジョゼフ・シュンペーターは、六〇年前の第一次大戦よりも前に、このことを明らかにした。彼は経済発展の理論にアプローチした最初の人物だった。経済発展の要因としてイノベーションを挙げ、その担い手として起業家を挙げた。だがその後、この分野では、ほとんどいかなる研究も進展しなかった」(一四七〜一四八頁)。もちろん、ドラッカー以降、イノベーションや起業家の研究は進んでいるが、注目したいのは、イノベーションと起業家の関係である。シュンペーターは、起業家の概念について、先の本において「起業家(Unternehmer)と呼ぶものは、新結合の遂行をみずからの機能として、その遂行に当たって能動的要素となるような経済主体」(一九八〜一九九頁)と定義している。さらに、ドラッカーは『イノベーションと企業家精神』(上)において、イノベーションと起業家の関係を明確にする。「イノベーションとは起業家に特有の道具であり、変化を機会として利用するための手段である。それは体系としてまとめ、学び、実践できるものである」(二九頁)として、起業家を主体、イノベーションを道具と位置付けた。

このようにマネジメントの時代からイノベーションの時代に移るにしたがい、起業家が経済活動において注目されるに至っている。例えば、アメリカでいえば、ＧＡＦＡ（グーグル、アップル、フェイスブック、アマゾン）の起業家であるGoogle──ラリー・ペイジ、セルゲイ・ブリン、Apple──スティーブ・ジョブズ、Facebook──マーク・ザッカーバーグ、Amazon──ジェフ・ベゾスが成功を極め、中国でいえば、ＢＡＴＨ（百度、アリババ、テンセント、ファーウェイ）の起業家である百度──ロビン・リー、アリババ──ジャック・マー、テンセント──ポニー・マー、ファーウェイ──任正非が成功を極めた。ちなみに、中国の四人の起業家は、皆中国人であるが、中国語は外国人には発音が難しく、英語名を併せ持っている。

一方、日本における世界的起業家は、ソフトバンクの孫正義か、ユニクロを率いるファーストリテイリングの柳井正が考えられるが、過去においては、ドラッカーは『断絶の時代』の中で、「岩崎弥太郎と渋沢栄一の名は、国外では、わずかの日本研究家が知るだけである。しかしながら彼らの偉業は、ロスチャイルド、モルガン、クルップ、ロックフェラーを凌ぐ」（一二四頁）とし、「岩崎と渋沢は、たんなる豊かな日本ではなく、創造力ある強い日本をつくろうとした」（一二五頁）と述べている。そして「岩崎流の起業家精神が、史上類のない資本形成をもたらし、渋沢流の人材重視が、三〇年後には史上類のない識字率と人的資源の形成をもたらした」（一二五頁）としている。このように経済発展を推進する岩崎的手法と、人を資源とする教育的な渋沢的手法が合わさって、明治以降における日本の経済発展を形成してきたという経緯をドラッカーは評価したのである。

このように近代および現代は、起業家の重要性がいつの時代にも増して高まってきたと考えてもいいだろう。しかし、起業家は企業を起こすにあたり、その最初の人間であるが、経営学ではどのように扱われてきたのであろうか。

経営学と起業家

第四章で障害者の起業家を扱うが、障害者も時代変化の流れを受け、肉体労働から解放され、イノベーション的な知識労働へと変化している実態がある。果たして、経営学における起業家の位置付けはどうなっているのだろうか[3]。

その前に、日本の経営学の成り立ち、および経営学の範疇に触れておく。

山本安二郎は『日本経営学五十年』において、一九〇四年に上田貞次郎によって日本に「経営学」という学術語が誕生したとしている。山本は上田が経営学の基礎理論として経営学を認識していたか疑わしいとしながらも、「『経営学』という言葉が明治三七年（一九〇四）に上田博士によって初めて学術語として用いられ、それを『経営の学』『事業の学』として考えられたのである」（一九頁）と述べ、日本の経営学の起源を上田に見出している。その背景には「当時の経済学・商学教育に対する経営学教育の重要性の認識」（一九頁）があったとされる。

片岡信之の『日本経営学史序説』によれば、「明治後期において近代的企業・工場生産が広範な諸産業領域にまで及び、企業勃興熱が生じたという経済界の現実があり、他方では企業経営学、商事経営学形成へむけての学問的関心が生じていたこと、および、ドイツ諸学者の説が流入したことなどが、企業、経営概念の検討へと一部の学者を向かわせた」（三三九頁）としている。また片岡は、坂西由蔵の論文「企業と経営」に言及し、坂西は経済と経済行為を区別して、経済行為の中に「統一的に組織せられたる獲得又は充用行為」を経営として位置付けたと述べている。片岡が主張するのは、経営とは何かを定義することの重要性ではなく、「その後の経営学において今日まで議論の対象となってきた『企業』『経営』概念の検討が開始されたことは、明治後期においていよいよ経営学へ向けての歩みが表面化したことの象徴であったといえよう」（三四二頁）と述べる通り、日本の経営学の誕生として認識できる。

そのような学術的検討が一九二六年において、日本経営学会の発足へと結びつく。この学会の創立には、学会名を「日本商学会」とするかどうかの検討[4]もおこなわれたが、最終的には日本経営学会となった。検討がおこなわれたことが意味するのは、この学会設立を以て経営学の成立とするのではなく、山本が述べるように「学会の成立の過程から見ても、学会運営の経過からみても、経営学の成立を告げるものではなく、これから作る

3　起業家研究に関しては、拙著『起業家育成論――育成のための理論とモデル』を参照されたい。

4　山本によれば、日本経営学会の創立会議において、日本経営学会を可とするものは二七名で、日本商学会を可とするものは一二名であったとしている（三四頁）。

べき経営学の枠組みないし『容れ物』が出来たというにすぎない」（三六頁）。「経営学という名はいわば公認せられたが、それに盛るべき『中味』はこれからである」（三六頁）。そのようにして経営学の基礎は築かれていった。次に触れる障害学もそうであるが、学会の誕生によって学問的な認知度がもたらされ、同時に研究の礎が築かれることになる。

次に、経営学の全容と範囲を示しておきたい。裴富吉と黒田勉による『素描・経営学原理』によれば、経営本質論・経営目的論・企業形態論・経営組織論・経営管理論・意思決定論・経営計算論・経営システム論・経営環境論・公企業論（社会主義経営論）に分かれる。経営学の対象とするものは主に企業やその経営であり、経営管理論がやや主流となった。経営管理論とは、裴・黒田によれば「会社がいかに運営されているかを究明するもの」（八頁）であり、「もっぱら経営者の視野に即して、会社の運営がいかに為されているかを理論的に把握しようとする」（八頁）ものである。山城章は『新講経営学』において、「マネジメント研究を内容とする経営学であり、アメリカに生成したものである。マネジメント研究は、その生成がアメリカ合衆国であり、そこで学的経営を形成しつつ発展したものであるが、しかしこれは、第二次大戦後、たんにアメリカだけでなく広く国際的に各国に浸透しつつ今日に至っている。我が国終戦後の経営学は、マネジメント研究が主流」（七〜九頁）だとしている。裴・黒田は、日本は戦前のドイツ経営学に変わって、アメリカ経営学の影響を受けたことに言及し、アメリカの経営学は組織体の管理が主要課題の一つであるとして、管理（マネジメント）についての概念を論じている。そして共通する理解として「マネジメントが個人ではなく他者との関係で述べられ、そして目的の達成を目指している」（一八九頁）とし、目的を達成するためのマネジメントの役割を強調している。

このように、アメリカにおける経営学が日本でも浸透しているし、時代と共に進化しているわけだが、その中心となり、有名な経営学者の一人といえば、マイケル・ポーター（Michael Porter）が挙げられる。ポーターは一九八〇年に『競争の戦略』を著し、経営戦略論の第一人者である。経営学には、戦略論と組織論（ケイパビリティ）の二方向を扱う傾向がある。入山章栄は『ビジネススクールでは学べない世界最先端の経営学』において、経営学の科学性が増してきたことを示した後、「経営学は『思考の軸』にすぎない」という小見出しの中で、「経営学は何を提供できるかというと、それは（一）理論研究から導かれた『真理に近いかもしれない経営法則』と、（二）実証分析などを通じて、その法則が一般の多くの企業・組織・人に当てはまりやすい法則かどうかの検証結果、の二つだけ」（三四～三五頁）と述べている。また、入山は『世界の経営学者はいま何を考えているのか――知られざるビジネスの知のフロンティア』の中で、経営学に対する心情について述べている。あくまで個人的意見と断った上で、「経営学はやはり実学としての役割が重視されるべきだと考えている」。「今世界の経営学が重視すべきなのは、――（中略）――堅固な実証研究に裏付けられた『定型化された事実法則』なのではないか」（三一七頁）と語っている。入山の研究には遠く及ばないが、心情的に強く同意する。そういう意味では、組織と戦略について研究を進める経営学が、理論と実践を重視し、障害者の働き方に関しても実践的なツールとして機能する可能性が高いと考えられる。

本書は雇用と起業を扱うので、実践を重視する著名な経営学者の一人であるヘンリー・ミンツバーグ（Henry Mintzberg）の起業家に関する考えに触れておく。

ミンツバーグは、経営管理者であるマネジャーの研究で有名だが、『マネジャーの仕事』において、経営者の職務に関する考え方を、古典学派・偉人学派・起業家精神学派・意思決定学派・リーダー有効性学派・リーダーパワー学派・リーダー行動学派・職務活動分析学派に区分けした（一三～四四頁）。ミンツバーグ自身は職務活動分析学派に属している。経営者を起業家としての機能とみる立場が、ミンツバーグの区分けによる起業家精神学派である。これは経営者を意思決定者として扱うものであるが、経済学の一つの理論（一般均衡理論）からみれば経営者は合理的に利潤を最大化するのであるから自由意思はないと考えられ、「ミクロ経済学の伝統的理論では、マネジャーは、意思決定について裁量権を持っていない。意思決定を行う必要に直面して、マネジャーは『合理的に』振る舞い、経済学的にいえば、ひたすら利潤を極大化する」（二一～二二頁）としている。したがって、「経済学者にとっては、マネジャーはたいして重要な存在ではない。経済学者の注目をひくのは、創業者である。というのは、この人物が、事業組織を開始できるという唯一の自由度を持っているからである」として経済学においてはマネジャーよりも起業家が重要としている。

しかし、続けてミンツバーグは、起業家とは「単に革新を行うものなのか。起業家は資本提供者なのか。また、起業家は資金とアイディアをいっしょにもってくるブローカーなのか」と疑問を呈し、結論に至らず、「どのように革新を行うかという方法については語られていない」として「起業家の周辺は神秘的魅力で包み込まれる」(二三頁)と述べている。結局、起業家はアメリカの英雄像の一つだとしている。ミンツバーグは、起業家は経済学の範疇で扱うべきと考えていると捉えることもできるが、経営学が企業をはじめ組織に関する学問であるゆえに、その始まりである起業家を経営学が捨象することは許されないだろう。ただ、ミンツバーグが扱いかねていた点は、起業家を職能と考えて研究しても、その社会科学的な成果(インプリケーション)が乏しいのではないかという危惧にあると考えられる。

シュンペーターは先の書物の中で、起業家の動機について考察し、以下の三つを挙げている。一つ目は権力欲〔「第一に、私的帝国を、また必ずしも必然的ではないが、多くの場合に自己の王朝を建設しようとする夢想と意志がそれである」〕であり、二つ目は成功意欲〔「次に勝利者意志がある。一方において闘争意欲があり、他方において成功そのもののための成功獲得意欲がある」〕であり、三つ目は行為そのものに対する喜び〔「最後に、創造の喜びは上述した一群の動機の第三のものであって、これはたしかに他の場合にも現れるが、この場合にのみ行動の原理を定めるのである。これは一方では行為そのものに対する喜びである」〕(二四五~二四七頁)。その中でも一つ目の権力欲こそが、起業家の動機における本質的要因だとしている。この考察に沿えば、起業家に関する学問的領域は、経済学や経営学から、心理学や脳科学にバトンタッチするよりないだろう。

とはいえ、起業家の存在は厳然と有るのであり、それによって経営が始まり、経済が活性化していくのである。その意味において、現時点で学問的に起業家が何であるかを明らかにできないとしても、研究を断念する理由にはならないであろう。むしろ、今後の研究が促進されてしかるべきだと考えられる。一方、経営学における障害者研究については、私の知る限り、乏しいのが現状である。経営学では、経営やマネジャー（管理者）にばかり脚光が当たり、それに比べると従業員やフォロワーシップについては研究が多いとはいえない。まして障害者の雇用が経営学の中で語られるのはあまり聞かない。それゆえ、先行研究に縛られることなく、自由な思索が許されるのではないだろうか。その試みが本書であるが、当然、障害者を中心に扱えば、経営学の範囲を超えざるを得ない。それは社会福祉とも関わるし、学問的には障害学とも関わる[5]。障害学については、浅学なので先行研究をなぞってみたい。

障害学のはじまり

障害者にとっての学問として、第一に挙げられるのが障害学である。その歴史と成り立ちを先行研究から明らかにしてみたい。

小川喜道と杉野昭博による『よくわかる障害学』では、障害研究の起源は、フランスで一八世紀に開設された聾唖学校と盲学校にあるとされる。そして、一九二〇年代頃より、戦争による障害者の増加により、障害者施策のための障害研究が始まった。しかし、これはまだ障害学ではない。続けて、同書はアメリカにおいて、障害者の権利を訴えた運動から、一九八六年にはアメリカ障害学会（ＳＤＳ）が設立され、一九九〇年に障害のあるアメリカ人法（障害者差別禁止法：Americans with Disabilities Act of 1990）がつくられた。同書によれば、イギリスにおいて、一九七〇年代に障害者の「隔離に反対する身体障害者同盟」（UPIAS：Union of the Physically Impaired Against Segregation）が結成され、一九八〇年代にイギリスの障害学会が始まったとされる。

これらの学会の成り立ちは、従来の障害の捉え方を否定する形で成立してきた。従来の捉え方は、障害の個人モデル、もしくは医療モデルといわれる。つまり、障害の原因を個人の障害（機能障害：インペアメント）、もしくは障害を疾病と見なす治療・保健の問題とするものである。なお、医療モデルといういい方は本来、障害は心理的側面を含むことから個人モデルのみとする考えもある。それに対し、新しい捉え方は、障害の社会モデルといわれる。社会モデルは、障害を社会環境の視点から見て、障害（障壁）が発生しているとする立場である。その場合の障害は、能力障害（ディスアビリティ）であって、社会環境の変化によって障害は軽減されたり、無くなると考える立場である。だからこそ、障害は社会の側にあるのであり、害という否定的な意味合いは、社会に対して向けられたものであると理解することができる。「障害者」を「障がい者」や「障碍者」と言い換えようとすることは、社会モデルには立脚していないことになる。しかし、ここで能力障害（ディスアビリティ）とは、機能障害（インペアメント）ゆえに発生する場合もあり得るのではないかと考えると明確な区分けは難しいが、従来を否定する立場として、障害は社会において発生している障壁と考えて、それは社

5　それ以外に医学、社会福祉学、教育学、社会学、哲学なども関わっている。

会の側が解決する問題であるとすれば少し理解できる。

星加良司は、大著である『障害とは何か——ディスアビリティの社会理論に向けて』において、次のように個人モデルと社会モデルの違いを説明する。「『個人モデル』が社会のあり方とは無関係な個人の属性にディスアビリティの原因を求めたのに対し、逆に『社会モデル』は個人の属性とは無関係な社会のあり方にディスアビリティの原因を求めた。そうすることで、ディスアビリティが障害者本人の抱える『問題』であるという認識に転換を図ったのであり、実践的にも社会変革に対して一定の有効性を持ったのである」（四一頁）。このように個人モデルとは異なり、能力障害（ディスアビリティ）は社会問題であると提示しなおすことにおいて、社会モデルの有効性が認められ、それが日本でも、障害学の誕生[6]へと結びついていく。

石川准と長瀬修による『障害学への招待』は、障害学について、次のように説明している。「障害を分析の切り口として確立する学問、思想、知の運動である。それは従来の医療、社会福祉の視点から障害、障害者をとらえるものではない。個人のインペアメント（損傷）の治療を至上命題とする医療、『障害者すなわち障害者福祉の対象』という枠組みからの脱却を目指す試みである。そして、障害者独自の視点の確立を指向し、文化としての障害、障害者として生きる価値に着目する」（一一頁）。続けて、「障害学にとって重要なのは、社会が障害者に対して設けている障壁、そしてこれまで否定的に受けとめられることが多かった障害の経験の肯定的側面に目を向けることである」（一一頁）と述べられている。これは従来の、障害者の障害に関係する否定的側面からの脱却を意図していると考えられる。果たして、障害の肯定的側面とは何であろうか。そして続けて、「焦点はディスアビリティにあり、ディスアビリティとはインペアメントを持つ人間に対する社会的抑圧の問題である」（一五頁）と述べている。つまり、障害者にとっての抑圧が、社会によって作り出されているということだと考えられる。しかし、その抑圧とは能力障害（ディスアビリティ）を意味すると解するとして、その障害を無くすことが、肯定的側面に目を向けたことになり、障害者が社会において健常者と同等になることを意味するのだろうか。

機能障害（インペアメント）の問題は、能力障害（ディスアビリティ）の問題ですべて解決されるはずはなく、アメリカとイギリスを中心に多くの議論があった[7]。続けて同書では、「障害者解放運動のなかから誕生した『障害は個性だ』あるいは『ありのままの自分を肯定しよう』という思想は、障害とか障害者という既成の恣意的なカテゴリー作用を一旦引き受けておいて、負の価値を負わされつつ創られたそのような差異の一つ一つに価値を与え返そうとする価値の取り戻しの実践であるとも言えるし、一人一人の生命体に本来的に等しく内属する価値を無条件に承認し合おうとする、存在証明からの自由を目指す活動だとも言える」（五二頁）と

6　日本の障害学は、小川喜道と杉野昭博による『よくわかる障害学』によれば、ある二つの社会事件が契機となって問題点が表出し、それが障害学の原点になったとされる。その社会事件は、いずれも一九七〇年代に起こり、一つは母親が重度の障害者であった子供を殺害する事件であり、もう一つは東京都の医療機関における入所者による抗議活動であった。

7　イギリスをめぐる議論については、以下が参照できる。北島加奈子「インペアメントがディスアビリティに先行するのか：インペアメントとディスアビリティの個人化をめぐって」『Core Ethics：コア・エシックス』（15）、二五〜三四頁、二〇一九年。その他、杉野昭博『障害学――理論形成と射程』東京大学出版会、二〇〇七年が詳しい。

述べられている。ここに肯定的側面のいくらかは見出すことができる。障害を否定せず、肯定的認知を社会的にもたらそうとする運動は理解できるが、同時に、認知的不協和をもたらしてしまう。

その理由は以下である。障害は障害者の身体にも内在し、と同時に障害者を取り巻く社会にも内在する。したがって、機能障害（インペアメント）と能力障害（ディスアビリティ）の問題はトレードオフの関係ではなく、複雑（コンプレックス）に入り組んでいると考えるのが自然ではなかろうか。すなわち、肯定と否定を分断することは不可能ではないかと考える。こういった学問的境界の対立が、つまり、機能障害（インペアメント）に立脚する従来の医学やリハビリテーション学と、能力障害（ディスアビリティ）に立脚する障害学が対立する立場の違いがもたらすことは、学問的には価値があろうとも、現実の一人の障害者を股裂きにしようとしている事にも通ずると感じる。ただ、障害学誕生の転換点は、今まで障害が負だとして背負わされていたものを解放すると同時に、障害と称されるものを社会全体が無条件に受け入れ、そのまま価値あるものとして認知する（させる）運動なのだということは理解できる[8]。

しかし、肯定的側面は障害者一人一人の障害が違うように、向き合い方も障害の克服の仕方も一人一人異なるはずである。例えば、脳出血により高次脳機能障害になった者は、欠損する機能や程度は千差万別で、まして性格や人格まで変容する場合がある。高次脳機能障害による障害者は、何が否定的側面で、どう肯定的側面を取り戻すかについては千差万別である。もちろん、障害学の立場は、機能障害（インペアメント）の問題ではなく、社会を問題としているので、社会的もしくは歴史的側面にのみ注目するとしても、その社会的ないし歴史的な解釈や物語構築は人によって異なるものではないだろうか。つまり、社会的抑圧に対比する肯定的側面という考えは、生の哲学などに見られる高揚感を示すには有効だが、障害者全体には一様には適用しづらいと考えられる。いずれにしてもいえることは、機能障害（インペアメント）の問題と能力障害（ディスアビリティ）の問題が混乱して受け取られる可能性は、障害そのものが多様性を含んでいることも一因ではないだろうか。

石川准と倉本智明の『障害学の主張』では、機能障害（インペアメント）の問題と能力障害（ディスアビリティ）の問題を「責任と負担」という具体的な社会問題として捉えなおしている。第一章で石川は、次のように述べている。少し長いが引用する。

「要するに社会モデルは、インペアメントからディスアビリティへと問題をシフトさせた。社会モデルは、本人が障害の克服のための責任と負担の一切を負わなければならないとするのではなくて、社会が『できない』という問題を解決するための責任と負担を負わない状態を問題にすべきだと主張した。ディスアビリティとは、作為的、不作為的な社会の障壁のことであり、それによって引き起こされる機会の喪失や排除のことであり、

8　例えば、ニーチェが『ツァラトゥストラはこう語った』で示した「大いなる正午」があげられる。ニーチェは『ツァラトゥストラはこう語った』の冒頭で「だれにも読めるが、だれにも読めない書物」と述べているので、解釈の一つでしかないが、ルサンチマンを超克し、主人公のツァラトゥストラが永劫回帰を受け入れる時こそ「大いなる正午」なのだが、これはニーチェの思想であり、時代的物語であるのだが、全ての人の物語ではない。

だからディスアビリティを削減するための負担を負おうとしない機会の喪失や排除のことであり、だから『できなくさせる社会 disabiling society』の変革が必要だと主張されたのである」（二五～二六頁）。

ここでは社会モデルの意義と、あるべき方向性が示されていると考えられる。要は、障害への責任や負担は、社会が負うべきだという主張である。さらに、第二章において立岩真也は、「二つのモデルの有意味な違いは、誰が義務を負うのか、負担するのかという点にある――中略――社会モデルはそれは個人が克服するべきではないとする。問題は個人、個人の身体ではなく社会だとする主張は、責任・負担がもっぱら本人にかかっていること、そのことが自明とされていることを批判する」（七一頁）としている。けっして、障害に対する義務と負担は、個人のみが負うのではないとする主張である。義務と負担が何を意味するのか、すべてを理解できないが、立岩は私有派と分配派の対立であり、「所得保障、社会サービスの提供といった分配策」（七二頁）と述べられているので、分配派とは政治的介入などを指していると考えられる[9]。これは、まさに立岩が、「できない・と・はたらけない――障害者の労働と雇用の基本問題――」で述べているように、「障害者と雇用という問題を問うことは、労働市場をどう評価するか、その介入はどのような場合になぜ認められるかを問うことに等しい」ことに意味を同じくしている[10]。また、立岩は大著である『私的所有論』で、障害者に限らず、能力主義に応じた分配を徹底的に検証している。そして、その分配の役割を政府や非営利組織（ＮＰＯ）に求めている（三四七頁）。

稲葉振一郎と立岩真也の『所有と国家のゆくえ』では、稲葉は、市場を補完する機能を検討し、協同組合の非効率性などを指摘しているが、その機能をどのようにすべきか模索している。また、立岩の大著である『差異と平等』においても、重厚な議論が積み重ねられ、一つの議論において、「（1）生きて暮らす権利があるとする。とすると同時に、そのために働く義務があるとする。（2）その権利と義務の配分が公平に行われることが望ましいとする」と整理して、（2）は（1）を達成するための合理的な方法であるともされると述べている（三三五頁）。

本書の立場は、障害者一個人に焦点を当て、雇用と起業の問題を扱っていくので、社会全体の経済的な分配、政治体制・社会規範および倫理に関わる問題は、扱う範疇ではないと判断する。ただし、能力障害（ディスアビリティ）によって、低所得となっている者に対し、適宜、必要な配分がおこなわれるべきだし、それは本書で扱う問題の核心の一つであるのだが、この問題に関しては、ドラッカーの『すでに起こった未来』で説明する見方に全く同意する[11]。「一九世紀という世紀は、——中略——あまりに社会的平等を目指していたために、むしろ逆に、『社会はいかにして可能か』という問いの中に、自由への福音の鍵を見ていた。不平等という足

9　立岩は『不如意の身体——病障害とある社会——』において、「二つのモデルの有意味な違い、あるべき対立は、社会の基本的な所有と分配のあり方に対する態度に関わっている。分岐は、一つ、ある人ができる／できないこととその人の生活の水準とを基本的に別のことと捉え、可能で正当な手段がある限りにおいて——どのようにしても差異自体がなくなることはないのだが——それを用い、人々が暮らせるべきであると考えるのか、それとも、一つ、生産し貢献する者は基本的にその産物を取得してもよい、貢献に応じて受け取ってよいと考えるのかという立場の分岐である」（五三頁）と述べている。

10　立岩の考えは、『差異と平等』の第四章「働いて得ることについて・案」（三一九〜三三九頁）でも参照できる。

かせを断ち切ることが、すなわち自由の確立であると思われていた。しかし、今日、我々は、そのような一九世紀の考えが間違いであったことを知っている。我々にとって、ナチズムと共産主義は高い授業料だった。支払い能力をはるかに超える授業料だった。だが、そのおかげで、今日、少なくとも我々は、『社会はいかにして可能か』という問いに取り組むだけでは自由は手にすることができないことを学んでいる」（二七八頁）。

ここでは、障害学・社会学と経営学の差異を表明しているようでいて、個人の社会的価値観の差異が表れている。それは、対象の違いにも表れていて、前者はグループに焦点が当てられ、後者は一個人ないし一組織に焦点が当てられている気がする。特に本書の視点は、一人の障害者がどう考え、どう生きていくのかといった選択可能性に向けられている。

このような差異はさておき、日本においては、二〇〇三年に障害学会が発足している。そのような中で、石尾絵美は「障害の社会モデルの理論と実践」において、既存の学問である、リハビリテーション学、障害者福祉学、障害児教育学などとの区別をしなければ、障害学はやがて吸収されてしまうと危機感を表している。また、杉野昭博も『障害学──理論形成と射程』において、「障害学はリハビリテーション学から独立して存続できるのだろうか」（四頁）と危惧している。

榊原賢二郎は『障害社会学という視座──社会モデルから社会学的反省へ』において、連字符社会学（領域──社会学）である障害社会学を模索している。それによって「社会学一般から障害研究への貢献と、障害研究から社会学一般への貢献」（一五四頁）が可能となることを意図している。また、社会モデルに軸足を置く障害学が、個人モデル（医療モデル）をないがしろにする傾向を、「障害社会学は、社会モデル／医学モデル区別を反省的に捉え直すこともできる。医学・医療と社会を対立関係に置く必要はない」（一九三頁）として障害学を社会学に内包させながら、互恵関係を保っていこうという動きもある。

機能障害（インペアメント）と能力障害（ディスアビリティ）の問題がややこしいのは、我々の身体が社会と不可分の関係にあり、障害や障壁の現れ方が、双方においてまちまちに表出することである。例えば、言語障害の障害者が、人との対話によってはじめて能力障害（ディスアビリティ）が意識されるとすることもできるし、言語障害ゆえに対話をしたくないとさせる機能障害（インペアメント）による意識が、対話という社会的行為を思いとどまらせるのも事実である。その双方を意識しないのは、よほど集中している時か、熟睡している時である。その説明は先行研究にも多くあったし、経験からもいえることである。このような議論を専門外の障害者として感想を述べれば、障害者は階級ではなく階層であり、その意味で障害学が捉える障害者は、グループとしての障害者であり、チームとしての障害者ではないと感じる。グループはまとまりのみであり、チームは組織としてマネジメントが機能している状態を指す。障害学は、個人モデルを批判する部分で一致しているのだが、その指向性と対象である具体的な障害者像が見出しづらい[12]。確かに障害者一個人も社会的一

11　本書の立場は、『すでに起こった未来』におけるドラッカーの言説と一致する。ドラッカーは、キルケゴールを引き合いに出し、「彼によれば、人間の実存は、精神における個人と社会における市民を同時に生きるという緊張状態においてのみ可能である」（二七八頁）と述べている。

員であり、社会の影響を多分に受けている。そういう意味で、社会を改変していくことは必要だが、一人の障害者はその流れを期待して待っているだけでは済まされない。ではどうすればいいのか、社会運動に参加するのも一手段であろうし、社会制度を変えるべく政治に参加するのもいいだろう。また、社会の公平な分配の理論を打ち立てるのも重要な仕事であろう。いずれにしてもまだ障害学の歴史は浅く、今後の発展的方向が期待される。

しかし、本書の問題点は、障害者に関係する雇用を中心とした事柄であり、障害者が生計を維持し、社会の中で事業を通して希望や夢を実現させていくことについてであるので、門外漢の障害学とその背景の社会学に関しては、この程度の表面的な記述に留める。本書を進めていくにあたり、障害者の概念に触れない訳にはいかないので、次で論じる。

障害者の概念

障害者の概念について、まずは法律から一定の線引きを見てみよう。

日本の法律において、障害者とは障害者基本法（昭和四五年法律第八四号）第一章第二条にあるように、「継続的に日常生活又は社会生活に相当な制限を受ける」者を指し、身体障害者、知的障害者、精神障害者（発達障害を含む）が該当する。なお、一八歳未満は障害児と呼ばれる。障害児とは、児童福祉法第四条第二項に規定する障害児及び精神障害者のうち一八歳未満である者をいう。

身体障害者については、身体障害者福祉法（昭和二四年法律第二八三号）第一章第四条において、別表で障害内容を定めており、具体的なその種類は、①視覚障害、②聴覚又は平衡機能の障害、③音声機能、言語機能又はそしゃく機能の障害、④肢体不自由、⑤内部障害である。また、都道府県知事から身体障害者手帳の交付を受けた者としている。

知的障害者については、知的障害者福祉法があるものの、法的な定義はない。ただし、厚生労働省は、「知的障害児（者）基礎調査結果」において、「知的機能の障害が発達期（おおむね一八歳まで）にあらわれ、日常生活に支障が生じているため、何らかの特別の援助を必要とする状態にあるもの」としている。

精神障害者については、精神保健及び精神障害者福祉に関する法律（昭和二五年法律第一二三号）第一章第五条において、「統合失調症、精神作用物質による急性中毒又はその依存症、知的障害、精神病質その他の精神疾患を有する者」としている。また発達障害とは、発達障害者支援法（平成一六年法律第一六七号）第一章第二条において、「自閉症、アスペルガー症候群その他の広汎性発達障害、学習障害、注意欠陥多動性障害その他これに類する脳機能の障害であってその症状が通常低年齢において発現するものとして政令で定めるもの」と

12　杉野昭博は、『障害学――理論形成と射程』の中で、障害学と障害者運動の距離感について、障害学の成立が遅れた時間のずれにより、英米からの輸入学といわれかねない弱点だと述べている（二二〇頁）。

している。

一方、国連は一九七六年の第三一回総会において、一九八一年を国際障害者年とすることを決議した。国連は「国際障害者年ＩＹＤＰ一九八一年――完全参加と平等――」において、「障害の問題は一般に認識されているよりもはるかに広い問題である」として、その原因として事故、病気、戦傷などを挙げている。その後、国連は、二〇〇六年に採択した障害者の権利に関する条約[13]において、第一条で障害者の定義を次のように明記した。「長期的な身体的、精神的、知的又は感覚的な機能障害であって、様々な障壁との相互作用により他の者との平等を基礎として社会に完全かつ効果的に参加することを妨げ得るものを有する者を含む」。これは障害の社会モデルに立脚する発想であり、障害は個人にあるのではなく、社会にあるという考えであり、個人モデルとは異なる。国連の定義と並んで、日本の法律もおおよそ障害の社会モデルに立脚する[14]傾向にあると考えられる。

また、ＷＨＯ（世界保健機関）は、社会モデルと個人モデルの統合を試み、「国際生活分類――国際障害分類改訂版――」でその経緯を説明している。一九八〇年に国際疾病分類の補助分類としてＷＨＯ国際障害分類（ＩＣＩＤＨ）を発表し、その後、一九九七年にＷＨＯ国際障害分類のベータ一案、一九九九年にＷＨＯ国際障害分類のベータ二案が発表され、最終的に二〇〇一年に国際生活機能分類（ＩＣＦ）がＷＨＯ総会で採択された。そしてこの分類は、障害者のみならず、すべての人に対する分類としている。

国際生活機能分類の特徴は、バリアフリーの整備等の環境因子を観点に加えた点にある。以前は、機能障害

（インペアメント）を分類するという考え方が中心であったが、環境整備が進めば、活動や参加のレベルが向上するといった能力障害（ディスアビリティ）の発想を取り入れた。その意味において、社会モデルと個人モデルの統合モデルといえるのだが、星加良司は『障害とは何か――ディスアビリティの社会理論に向けて』において、「依然としてインペアメントが、標準からの偏差として医学的・生理学的に定義されている」（二五二頁）として障害学からの批判もある。

国際生活機能分類は、障害を大きく二つに整理し[15]、心身機能・身体構造（インペアメント）と、活動・参加とした。これによって、健康状況と健康関連状況とを分類し、単に障害を機能障害（インペアメント）、能力障害（ディスアビリティ）、社会的不利（ハンディキャップ）とするのではなく、個人や社会の双方からの障害の捉え方を併せ持った見方を提供している。

13　二〇〇六年一二月一三日に国連総会において採択され、二〇〇八年五月三日に発効した。日本は二〇〇七年九月二八日に署名し、二〇一四年一月二〇日に批准書を寄託した。そして二月一九日に効力を発生した。

14　中川（二〇一九）は、「社会モデルの皮をかぶった医学モデル」として、日本の制度は医学モデルに立脚した手帳中心主義だとしている。

15　正確には、健康との関連において以下のように区分けした。心身機能は、身体系の生理的機能（心理的機能を含む）、身体構造は、器官・肢体とその構成部分などの身体の解剖学的部分、機能障害（構造障害を含む）は著しい変異や喪失などといった心身機能または身体構造上の問題、活動は、課題や行為の個人による遂行、参加は、生活・人生場面への関わり、活動制限は、個人が活動をおこなう時に生じる難しさ、参加制約は、個人が何らかの生活・人生場面に関わる時に経験する難しさ、環境因子は、人々が生活し人生を送っている物的な環境や社会的環境や人々の社会的な態度による環境を構成する因子。

本書において、社会的不利（ハンディキャップ）という用語は初めて登場するが、ＷＨＯは英語のハンディキャップは、軽蔑的な意味あいをもつために、完全に除くことが決められている。ハンディキャップは、キャップインハンド（手に帽子を持つ）、つまり物乞いを連想させるとされる。そして能力障害（ディスアビリティ）に関しては、一つの構成要素の名称としては使わずに、代わりに包括用語として残すことにした。これは、能力障害（ディスアビリティ）を機能障害（インペアメント）と明確に区分けする障害学の立場とは違うことを意味し、統合モデルではなく、杉野昭博が『障害学――理論形成と射程』において、「障害学とリハビリテーション学との理論的対立や矛盾を孕みながら成立した『妥協の産物』に過ぎない」（五〇頁）と述べるように、統合というよりは、松岡克尚が「障害モデル論の変遷と今後の課題について」において、折衷モデルと名付けることも首肯できる。

以上が、法律および国際基準における障害者の大雑把な範囲である。そして、障害者手帳を手にすることによって、社会的には障害者として認知される。障害者手帳は、身体障害者手帳、療育手帳（知的障害）、精神障害者保健福祉手帳の三種があり、それぞれ生活における支障の程度や症状などに応じて障害等級と呼ばれる区分がある。身体障害者は、一級から七級の障害等級に区分されており、一級に近づくほど障害の程度が重く、七級の場合は二つ以上が障害に該当する場合は交付対象となる。療育手帳は、知的障害の定義の一つが一八歳未満に生じることであるため、一八歳未満に交付され、障害等級の区分方法は自治体により異なっており、手帳の名称も東京都などは「愛の手帳」、名古屋市などは「愛護手帳」となる。精神障害者保健福祉手帳は、精神保健福祉法に基づいた制度であり、一級から三級の障害等級に区分されている。こちらも一級に近づくほど障害の程度が重い。

上記に挙げた以外に、英語圏では、障害者をチャレンジド（the challenged）と呼称する動きもある。これは一九九〇年代に、障害者に対する否定的表現を払拭しようと、アメリカの日刊紙が使用して普及した表現である。日本においても企業がこの呼称を用いている。例えば、株式会社マイナビは、障害のある学生のための就職情報サイトを運営する際にこの呼称を用いており、その他、小林製薬、ＫＤＤＩ、みずほ銀行、ＪＴＢ等でもチャレンジドの呼称を用いている。総務省も『情報通信白書』（第一部特集）において、この呼称を用いている。これには障害者の「害」の字が「害を為す」という否定的要素を内包しているために、印象を変えようと使用を促進している面がある。その他、サバイバー、つまり生き残った者という呼称も誕生している。

その他、日本語として「障碍者」や「障がい者」などの呼称も存在する。これに対し、河野正輝は『法学セミナー』において、法学研究者の立場から、「害」の定着度合いを鑑み、煩雑さを避けるために「害」の表記に統一せざるを得ないとしている。また日本の論文検索サイトであるサイニィでは、障害が約九六％、障碍が約一％、障がいが約一％、チャレンジドが数件であった。本書では、学術的に使用される頻度が高い「障害」の呼称を用いている。

話は変わるが、小学校時代の運動会で、徒競走と障害物競走があったであろうか。徒競走が、あらかじめ脚力によって結果が予想できることが多く、走者が転倒するというハプニングなどが無ければ、順当な順位になりがちなことを首肯できるのではないだろうか。ところが、障害物競走は何が優位に立てる条件かを予想することが難しく、結果を予想することは、徒競走よりも難しい傾向がある。それだけに障害物競走は人々が興味を注ぐ種目の一つであろう。

徒競走を健常者、障害物競走を障害者の比喩として捉えた時に、問題なのは、徒競走と障害物競走が現実社会では混在していることだ。全く別の機会に、別の競技としておこなわれるのであれば、公平性が期待できるのだが、現実は同時進行で進み、障害者が障害物のあるアクティビティにとらわれている時に、健常者は悠々と前に進んでしまう。これを不平等として、順位（分配）の正当性を求めることはできるが、レースが終了した後では復権は難しい。

レースとは人生全般を意味することもあるが、労働における金銭獲得のための競技を意味することがある。後者の場合、それでも障害者は、このレースに参加すべきであろうか。次章では、障害者の労働と、社会福祉に言及する。

第二章　労働と福祉

障害者の労働と福祉の現状を知る。

「人間は権利のうちに精神的な存在条件を持ち、権利によって精神的条件を防衛する。権利がなければ、人間は、家畜なみになってしまう。だから、ローマ人が奴隷を家畜なみに扱ったのは抽象的な法の見地からみればまったく首尾一貫していたわけだ。したがって、権利の主張は精神的自己保存の義務であり、権利の完全なる放棄（今日では不可能であるが、かつては可能であった）は精神的自殺である」（三八頁）

［イェーリング（小林孝輔・広沢民生訳）『権利のための闘争』日本評論社］

「絵も詩も少し欠けていた方が良いような気がします。欠けているもの同士が一枚に画用紙の中におさまった時、調和のとれた作品になるのです。これは私達の家庭も社会も同じような気がします。欠けている事を知っている者なら、助け合うのは自然な事です」（六四頁）

［星野富弘『ことばの雫』いのちのことば社フォレストブック］

障害者が働く意義

障害者に限らず、働く意義とは何であろうか。本書は副題を、雇用から起業へとしているので、働くことそのものを論じておく必要がある。働く場合は、一般的に企業等の組織に雇用されるか、自ら起業するなどして雇用する側に回るのかのどちらかである。いずれにしても、働く意義や理由について、十人十色ではあるが、社会科学から離れて考えてみたい。

その前に、生産年齢人口や労働力人口などの用語の整理をしておきたい。総務省統計局は、労働力調査を随時おこなっている。この調査の基本集計の区分は、国際基準であるＩＬＯ基準（国際労働基準）にしたがっている。国際労働機関（ＩＬＯ）による『国際労働基準――ＩＬＯ条約・勧告の手引き』によれば、「国際労働機関（ILO）の目的は、社会正義を基礎とする世界の恒久平和を確立すること」であり、「ＩＬＯは、世界的な規模でさまざまな活動を行っているが、その中でも、条約や勧告の制定という伝統的な基準設定活動はもっとも古くかつもっとも重要なものの一つにあげられる」（一頁）としている。この条約に日本も批准し、その下に労働力調査が実施されている。

総務省統計局によれば、労働力調査における労働力人口は、一五歳以上を対象にしており、それを労働力人口と非労働力人口に分けている。また、労働力人口は、就業者と完全失業者に区分し、就業者は、従業者と休業者を合わせたものとしている。従業者は、調査週間中に賃金・給料・諸手当・内職収入などの収入を伴う労働を一時間以上した者[16]であり、休業者は細かい決まりはあるが[17]、おおむね雇用契約はあるが、労働しなかった者である。そして、完全失業者は、仕事に就いておらず、仕事があれば直ぐ就くことができる者で、仕事を探す活動をしていた者をいう[18]。

しかし、一般的には、『平凡社世界大百科事典第2版』にあるように、一五歳以上の人口を生産年齢人口と呼び、このうち労働の意思と能力をもっている人口を労働力人口という。労働力人口は、意思と能力をもち実際に労働に従事している就業者と、意思と能力をもちながら就業できずにいる完全失業者の二つに分けられる。また、『小学館日本大百科全書』によれば、生産年齢人口を一五歳以上六五歳未満とし、先進国では一五から六四歳、開発途上国では一五から五九歳とすることが多いと説明している。大きな違いは、高齢者を労働力人口として扱うか否かということである。ちなみに、一五歳未満の年少人口と、六五歳以上の老年人口を合わせ

16　家族従業者の場合は、無給であっても労働をしたと解釈する。

17　賃金・給料・諸手当・内職収入などの収入を伴う仕事を持ちながら、調査週間中に少しも仕事をしなかった者のうち、雇用者で、給料・賃金の支払いを受けている者、または受けることになっている者をいう。また、職場の就業規則などで定められている育児や介護の休業期間中の者も、職場から給料・賃金をもらうことになっている場合は休業者となる。育児休業基本給付金や介護休業給付金をもらうことになっている場合も休業者に含む。自営業主の場合は、事業経営が継続してはいるのだが、休み始めてから三〇日にならない者も休業者に含む。なお、家族従業者で調査週間中に少しも仕事をしなかった者は、完全失業者または非労働力人口のいずれかである。

18　正確には以下と記述されている。次の三つの条件を満たす者である。①仕事がなくて調査週間中に少しも仕事をしなかった（就業者ではない）。②仕事があればすぐ就くことができる。③調査週間中に、仕事を探す活動や事業を始める準備をしていた（過去の求職活動の結果を待っている場合を含む）。

たものを被扶養人口ということがある。

さて、働く意義や理由であるが、誰もが筆頭に挙げる可能性が高いのは、お金を得る手段ではないだろうか。自給自足でも、電気料金や健康保険等の社会的インフラに対し、金銭以外で支払うことはできず、金銭的な経済社会と全く切り離されて生活することは難しい。そして、お金を得る手段の筆頭が働くことである。ここでは一人の健常者、一人の障害者と一つの会社から考えてみたい。

最初に取り上げるのは、名証セントレックスに上場している、株式会社オウケイウェイヴの創業者である兼元謙任取締役会長である[19]。兼元は、オウケイウェイヴ創業前に二年ほどホームレス生活を経験している。この話は、テレビ東京の『経済ドキュメンタリードラマ──ルビコンの決断』において再現ドラマとして二〇〇九年六月一八日に放映された。

簡単に、ホームレスから上場までの経緯を説明すると、二〇代の兼元は、結婚し子供もいたが、仲間の裏切りや妻からの離婚届の提示があり、再起のために名古屋から単身、ウェブデザイナーとして上京した。ところが、仕事の発注を当てにしていた会社から仕事が発注されずに、所持金もなく、そのまま公園生活を余儀なくされ、そのまま二年間ほどホームレスとなる。

ホームレス生活の中、ノートパソコン一つで、名刺デザイン等の仕事をし、銭湯か食事を選択する一日四〇〇円の生活を続け、ある時、ホームレスの中国人女子留学生に出会う。その留学生がホームレスをしたのは、お金を節約するためで、その留学生に次のようにいわれてしまう。「中国では特に貧富の差が激しくて、農村部では粘土を食べている。この格差を無くしたくて、私は日本に来た。おまえは何をしている。つらい思いをしただけなのに、やる気をなくしているのはおかしい。せっかく他人の痛みやつらさがわかるようになったのだから、他にやることがあるはず。おまえは日本人に決まっているんだから感傷に浸っているんじゃない」（インターネットウォッチ「元ホームレス社長の抱く大きな夢ＯＫＷａｖｅ社長兼元謙任氏」）。

その言動に衝撃と反省を与えられ、その後、ある発想が浮かぶ。それは、インターネット上で、質問をし、それに対して回答するサイトである。今でこそ「Ｙａｈｏｏ！知恵袋」や「教えて！goo」などがあるが、当時はそのようなサイトがビジネス的価値を生むとは多くの人は考えつかなかった。その後、名古屋に帰り妻に会い、妻が兼元の仕送りを貯めていた資金で会社を設立し、無料でプログラムを制作してくれる人材を探し当て、事業が軌道に乗り上場を果たすことになる。

会社名のオウケイウェイヴは、元々ＯＫＷｅｂであり、ＯＫは「おしえて、こたえる」の略であった。会社は、一九九九年七月に創業され、二〇〇〇年一月にＱ＆Ａサイトを開設し、二〇〇六年六月に名古屋証券取引所セントレックスに株式上場している。

19　経済産業省は二〇〇九年九月より、起業家教育推進のために、大学の授業に起業家を派遣する起業家派遣を実施している。筆者はそれに応募し、兼元（当時社長）を選定し、二〇一〇年一〇月二〇日に授業をしていただいた。その時の学生の感想を三つのみ紹介する。「兼元さんの話を聞いて、今日から自分が変われそうです」「今まで、どうせ一人じゃ何も変えられないし、とか考えていたけど、挑戦してみようと思いました」「企業の社長ということで、その企業の話をするのかと思っていましたが、そんなことよりももっと大切なことを教わりました」

兼元は、『ホームレスだった社長が伝えたい働く意味』において、次のように述べている。「人間は関係性を求める生き物で、一人でいるのが悲しいのだ。だから生まれた瞬間に泣き出し、他とのかかわり方を模索しようとする。そう考えると、自分が何のために生きるのか、というテーマの中には必ず『他との関係性』が含まれると思う。あなたの求める世界との、社会との関係性はどんなものか、ということだ。僕が、デザインをはじめとする表現が好きなこともそれと同じことかもしれない。自分の描いた絵を見せたとき『いいね』と言われると、ものすごくうれしくなるのだ。いまのＱ＆Ａサイトを運営する事業も、大きく言えば、人間社会をデザインする仕事だと思っている。僕はいまもデザインを仕事にしているのだ」（三〇～三一頁）。

兼元は小学校時代、神経性の筋萎縮症であるギラン・バレー症候群を患い、車椅子生活を送り、大人になるにつれ改善されるのだが、生きる意味について考え続けた。そして、先の著作で結論めいたことを述べている。「人がなぜ生きているかというと、自分が生きたいからだ。仕事も同じだと思う。どうしてみんな仕事をするのか。それは仕事をしたいからじゃないだろうか」（四八頁）。一見、小学生でもいえることでもあるが、稀有な経験と成功を手にした者が話すと感慨深い。

次に、一人の障害者を取り上げる。それは、株式会社オリィ研究所の共同創設者である吉藤健太朗代表取締役ＣＥＯ（以下、吉藤オリィ[20]）と共に働いた、元従業員である番田雄太である。番田は四歳で交通事故により脊髄損傷となり、寝たきりとなる。その後、学校にも行けず、入院生活となる。唯一動く顎を使って、パソコンを操作し、インターネットを通じて二〇一三年に吉藤オリィと出会い、共に遠隔操作ロボット「OriHime」

の開発と普及に従事する。吉藤オリィのTwitterによれば、二〇一四年からは、一緒に講演をし、「時に自分の言葉で、時に音声読み上げツールを使い、孤独の辛さ、誰かに必要とされる重要性、〝生かされるのではなく生きる事の意味〟を、発信し続けた」（二〇一八年三月七日）。

そして「二〇一五年は五〇回、二〇一六年は六〇回講演し続けた。そのうち相手との交渉や日程調整などは番田が行うようになり、お金を稼ぐようになった。『障害者年金と、自分で稼ぐ事は全然ちがう』と、番田はまず母親に沢山服を買ってあげて、私には高級な魚料理屋を予約しご馳走してくれた」（二〇一八年三月七日）。ここには、同じお金でも人からもらうのと、自分で稼ぐことの違いが如実に伝わってくる。人からもらったお金は、すべて自由という心境に至らない場合があるが、自分で稼いだお金は、自由に人の為に使うことが許されているし、購入した物や機会を媒介して、共有する人との関係を築くことが価値を生んでいると考えられる。

「二〇一五年にオリィ研究所の契約社員になり、分身ロボットで毎日出社し、ほぼフルタイムで仕事をしていた番田は、重度身体障害者のテレワークの体現者として、一億総活躍大臣の勉強会や、各省事務次官ユニバーサルデザインの勉強会にも呼ばれるようになり、それを見た多くの重度障害者に希望を与えた」（二〇一八年三月七日）。続けて、吉藤オリィは述べる。「現在、重度の肢体不自由の患者児童はおよそ三六〇〇〇人、特別支援学校を出た一八歳の就職率は八％程度と言われ、内容も簡単な作業を与えられている事が多い。番田は

20　吉藤オリィの名前は、特技である折り紙から由来している。

盛岡に居ながら、時給換算で東京都の健常者アルバイト最低賃金以上のお金を得るだけの、オリィ研究所にとって必要不可欠な働き手となった」（二〇一八年三月七日）。

番田はTwitterの最初の画面で次のように述べている。「株式会社オリィ研究所の『OriHime』パイロット兼寝たきり秘書を勤めています！『心が自由であれば何でもできる！』『寝たきりでも世界を楽しく変える』をコンセプトに活動しています！《誰もが外と繋がり、想いをカタチにできる未来の創造》に向けて、私自身も活動しています！」。

そして、吉藤オリィと番田は親友として共に仕事を続け、吉藤オリィは次のように回想する。「番田が私を心の支えだと言っていたように、私も番田に支えられていた。実際、私はスケジューリングや事務的な業務が苦手だったり、メール返信をよく忘れたりするので、あの頃、大量の講演やメール仕事が成り立っていたのは番田のおかげだ。番田が居なくなったとき、私の業務は完全に一時停止した」（二〇一八年三月七日）。番田は突然、症状が悪化し、二八歳で他界した。

吉藤オリィは番田について次のように評価する。「番田の凄いところは、人生を決して諦めなかった事だ。彼の言葉で言うなら〝生かされる人生〟を良しとせず、とにかく自分の意思で〝生きよう〟とした。人から与えられた安全、安心の人生を良しとせず、生まれてきたからにはこの世のすべてにチャレンジし、楽しむのが当たり前だと言わんばかりに」（二〇一八年三月七日）。寝たきりの障害者という境遇に屈せず、出口を求めて果敢に挑戦し、収入を得る仕事を勝ち取り、仲間と親交を育んだことに大いなる価値があったと考えられる。

吉藤オリィとの単なる友達関係だけでは、この価値は生じないのではなかろうか。番田が仕事を通じて、自己効力感を得ることによって、一人の人間として、自らの能力を発揮して、社会において対等に渡り合うことが重要であったと考えられる。ここには、障害者に向けられる同情とは全く違う光景を見ることができる。何よりも、吉藤オリィと働く番田が、その仕事を通じて関係する人に与えるものは、同等に健常者が仕事をする何倍もの価値を創造し得ていたのではないかと想像する。そして、吉藤オリィは番田の両親の許可を得て、番田が口に筆を咥えて書いた書道作品であるメッセージカードを掲載している。そこには次のように書かれていた。

「心がじゆうならどこへでもいき何でもできる」。

次に、知的障害者雇用で有名な日本理化学工業株式会社をとりあげる。日本理化学工業は、神奈川県川崎市に本社を置く、チョークを代表とする文具・事務用品製造および販売などを事業とする会社である。従業員の七〇％以上が知的障害者であり、障害者が戦力となっている会社である。障害者雇用のきっかけは、一九六〇年に都立青鳥養護学校（現・都立青鳥特別支援学校）卒業の二名の障害者（一五歳、一七歳）の女性を正社員として当時の専務取締役の大山泰弘が雇用したことにあった。その後、障害者雇用を継続する中で、二〇〇五年には、日本プレスセンターにおいて企業フィランソロピー大賞特別賞社会共生賞を受賞している。この会社が称賛されるのは、障害者を雇用するのみならず、障害者を戦力として、マネジメントしている点が挙げられる。

会社のオフィシャルのホームページには、松阪節三が彫刻制作および寄贈した「働く幸せの像」と共に、導師（住職）と大山泰弘の言葉が刻まれている。そこには次のようにある。
「導師は『人に愛されること、人にほめられること、人の役にたつこと、人から必要とされること、の四つです。働くことによって愛以外の三つの幸せは得られるのです』と。「その愛も一生懸命働くことによって得られるものだと思う」」。

健常者も障害者も区分けなく、働くことによって、幸福の要素である、ほめられる・役に立つ・必要とされる機会を持つことができると考えていることが理解できる。さらに導師の言葉に加えて、大山は一生懸命働けば、四つめの愛を手にする可能性があることを伝えている。別の言葉でいえば、働くことによって、幸福のための承認欲求を満たせる可能性と、豊かな人間関係を得ることができるということだろう[21]。

大山泰弘の『働く幸せ――仕事でいちばん大切なこと』では、最初の知的障害者雇用の状況を次のように説明している。「それでも三度、先生はやってきました。そして、こうおっしゃったのです。『もう、就職をとは申しません。でも、せめて働く体験だけでもさせていただけませんか。あの子たちはこの先、施設に入ることになります。そうなれば一生働くことを知らずに死んでいく、働くということを知らずに、この世を終わってしまう人となるのです』。ここでようやく私に『ふつうは働くのが当たり前なのに、それができないというのはかわいそうだな』と知的障害者に対する同情心が芽生えました。それに、ここまで熱心に頼まれて断るのはつらい。採用するのでなければ、周りへの説明もしやすいだろう。そんな思惑もあって、『二週間程度なら』ということで、就業体験を受け入れたのでした」（二六〜二七頁）。

大山の最初の動機は、同情心からトライアル雇用をおこなったということであった。そして本格雇用になり、大山には疑問が浮かぶ。大山は次のように述べる。「私には、どうしてもわからないことがありました。彼女たちは毎日、満員電車に乗って通勤してきます。そして、一所懸命に仕事に励みます。どうしても言うことを聞いてくれないときに、『施設に帰すよ』と言うと、泣いて嫌がります。どうして、施設にいれば楽に過ごすことができるはずなのに、つらい思いをしてまで工場で働こうとするのだろうか？　私には不思議でならなかったのです。[21]

そんな疑問が消えないまま、私はとある方の法要のために、禅寺を訪れました。

ご祈祷がすみ、参集者のために用意された食事の席で待っていると、空いていた隣の座布団に、偶然にもその寺のご住職が座られました。――中略――『うちの工場には知的障害者の人たちが働いているのですが、どうして彼女たちは施設より工場にきたがるのでしょう』

唐突な問いかけでしたが、ご住職はつぎのように答えてくださいました。

『人間の幸せは、ものやお金ではありません。人間の究極の幸せは、次の４つです。

その１つは、人に愛されること。２つは、人にほめられること。３つは、人の役に立つこと。そして最後に、人から必要とされること。障害者の方たちが、施設で保護されるより、企業で働きたいと願うのは、社会で必

[21] 詳しくは、坂本光司による『日本でいちばん大切にしたい会社』（四四～七一頁）が参照できる。

要とされて、本当の幸せを求める人間の証しなのです』

私は、思わず、言葉をなくしました。

そして、胸につかえていたものが、すっととれた気がしました」（五五〜五六頁）。

障害者にとっての施設と働くことの差異を考えさせられる実話である。そして、作業的な仕事のみならず、挨拶に関する話に及ぶ。「私は障害者たちに、『今日もよくがんばってきてくれたね、ありがとう』『一所懸命仕事をしてくれたから、助かったよ』といった声をかけます。こうした言葉をかけあうのは、職場ではごく当たり前のこと。私にすれば、単なる挨拶のようなものでした。しかし、『そうしたやりとりによって、人の役に立っている、必要とされていることを実感できる。それが幸せというものなのですよ』とご住職は教えてくれたのです。

『ありがとう』と声をかけたときの彼女たちの笑顔が脳裏に浮かびました。

そうか。施設で保護されていると『ありがとう』と言うことはあっても、『ありがとう』と言われることはないのかもしれない。施設にいるだけでは、人にほめられ、人の役にたち、人から必要とされることを実感することができない。だからこそ、彼女たちは工場にやってくるのだ」（五六〜五七頁）。

社会福祉の必要性と重要性はあるが、企業は利益を上げて、給料を配分するのみではなく、人を幸せにする組織として機能した方が良いし、そうなる可能性が多分にあることが理解できる。この体験から、大山は障害者も含めて、従業員が幸せになる経営に邁進すると同時に、知的障害者を主力とする会社づくりを目指していく。

会社見学の際に譲渡された大山泰弘の文書の題名である「重度知的障がい者に導かれた人間尊重の皆働社会を目指して」の文書には、工場見学に母親と一緒に来た小学五年生の話が掲載されている。その小学生による会社見学の感想は、「天の神様はどんな人にも世の中の役に立つ才能を与えてくださっているのですね。僕ももっと勉強して世の中の役に立つ人になります」とあった[22]。この小学生に与える影響は、健常者が働く場合と障害者が働く場合とでは大きく異なるであろう。これを共生や共感を育む教育の一環として考えると有効性が認められるのではないだろうか。

以上、三事例を挙げたが、働くことは、収入を得る以上の価値があることが認識できる。これらの価値が働くこと以外でも得られる可能性もあるが、経済社会とは切り離せない中で、多くの人々にとって、企業等の組織を通じて社会の中で働くことによってそれらを得られる可能性は高いといえる。次に、働くことと収入、および幸福の関係について若干の考察を加えたい。

[22] 現社長の大山隆久代表取締役に、二〇二〇年九月八日に電子メールを通じて、掲載許可を頂いた。

障害者の幸せ

日本の幸福学（well−being Study）の第一人者である前野隆司は、『幸せな職場の経営学』において、幸せの四因子を挙げている。それは、「やってみよう！」因子（自己実現と成長因子）、「ありがとう！」因子（つながりと感謝の因子）、「なんとかなる！」因子（前向きと楽観の因子）、「ありのままに！」因子（独立と自分らしさの因子）である（二四頁）。この四因子がバランスよく備わっていることが、より幸せな状態であるといえるらしい。

幸福に関して、障害者の幸福度を調べた調査がある。通常は、アンケート等を用いた主観を測る統計調査が考えられるが、障害者を対象に実施するには、倫理的問題があるし、応じてくれる障害者も想定しにくい。その中で、荒尾雅文と潮見泰藏は、内閣府経済社会総合研究所（ＥＳＲＩ）のおこなった調査データを二次分析として使用し、「障害者の幸福度は健常者と差があるのか？」という報告をしている。

この調査は、一五歳以上の全国民を対象としておこない、回収率は六一・八％で六四五一名のサンプルのうち、四〇歳以上の障害の有無の項目があり、それと幸福度の項目[23]に着目した。その結果は、障害者八六名（男性五三名・女性三三名）と健常者四六二一名に対し、幸福度（障害あり五・七七、障害なし六・五八）、将来幸福度（障害あり〇・七、障害なし〇・〇九）となり、いずれの値も障害者が有意に低かった。つまり、障害者の方が健常者に比べ、現状の幸福度も、将来の幸福度展望も低いことが明らかとなった。荒尾と潮見はその考察において、幸福度の決定要因である所得や健康度が低下していることによって、障害者は健常者に比べ、幸福度が低下すると述べている。

障害があること自体、幸福度が低下することは理解できるが、所得と幸せの関係についてはどうなのであろうか。

ノーベル経済学賞を受賞した行動経済学者のダニエル・カーネマン（Daniel, Kahneman）は、『ファスト&スロー下』において、調査に協力したギャラップ世論調査に言及している。ギャラップ世論調査とは、アメリカのアメリカ世論研究所（American Institute of Public Opinion）を前身とする、ギャラップ株式会社がおこなっている調査である。その日本のオフィシャルサイトには、「ギャラップ独自のデータを用い、私たちは人々の生活に影響する世界の重要な一〇〇の問題について分析しています。報道の自由、安全、政権の支持率、幸福、仕事などです。あなたの知りたいことを探し出せます」とあり、「一六〇＋国以上で、一四〇＋言語以上を用いた代表的世論調査」であり、「一〇〇＋以上の世界的に重要な問題の比較」をおこなっていると説明している。

カーネマンによれば、ギャラップ世論調査は「膨大な数の標本を集められるため、精度の高い分析が可能に

23　幸福度評価は、〇点は「とても不幸」、一〇点は「とても幸せ」とし、また将来の幸福度は今から五年後の幸せを「現在と同じ」を〇点、「今より幸せ」プラス一～五、「今より不幸せ」をマイナス一～五としている。

なり、その結果、状況的要因、身体的健康、社会的な絆などが幸福感の重要な要素であることが確かめられた」（二〇二頁）としている。そして、健康と所得に関して、次のように述べている。「極度の貧困は、生活における他の不運の影響を増幅して経験させる働きをする。とりわけ病気や体調不良は、非常に貧しい人にとって、それほどない人よりもはるかに重大な影響をおよぼす。頭痛がすると憂鬱や不安を感じる人の割合は、所得分布の上位三分の二では一九％から三八％に増えるのに対し、最貧困層一〇％では、三八％から七〇％へと大幅に増える。もともとの基準値が高いうえに、増え方も大きい」（二九三〜二九四頁）。

障害者は、働くことが難しい人が、健常者に比べ多いことが想像できる。そうなれば、心身ともの健康が損なわれている可能性が高いのに加え、働くのが難しいという状況が加わっている障害者の幸福度は低い傾向にあるといわざるを得ない。では、障害者の所得を上げさえすれば、幸福感は上がってくるのかというとそうではない。この調査で注目すべき点は、所得と幸福度の関係であり、この調査で示しているのは、ある所得の閾値において、幸福度は限界をむかえるということである。カーネマンは、「もうそれ以上は幸福感を味わえないという所得の閾値は、物価の高い地域では、年間世帯所得ベースで約七万五〇〇〇ドルだった（物価の低い地域ではもうすこし少ないだろう）。この閾値を超えると、所得に伴う幸福感の増え方は平均してなんとゼロになる」（二九四頁）。これがなぜなのかをこの後、カーネマンは例えを用いて説明しているが、異なる例えで示すと、何台も自動車を所有する者に対して、アルバイト代を何ケ月も貯めて、初めて自動車を購入する者との自動車購入における幸福感は後者が上であることが想像できるであろう。

その分岐点が、約七万五〇〇〇ドル、レートを一ドル一〇五円として換算すれば、年収七八〇万円強となる。確かに、日本の平均年収を鑑みれば、高い年収だが、サラリーマンであっても可能な金額である。まして共働きの家庭であれば、十分可能な金額であろう。そして日本はGDPにおいて、世界第三位の国なので、このまま当てはめても違和感はないと考えられる。幸せはお金だけではないと世間一般でいわれるが、それは世界的な統計でも明らかとなっている。

また、日本でも政府の「骨太方針」等の政策の流れから、人々の幸福感など、社会の豊かさや生活の質（QOL：クオリティ・オブ・ライフ）を表す指標群（ダッシュボード）の構築を目的に、株式会社サーベイリサーチセンターによって、生活満足度について一万人を対象としたインターネット調査が実施された。生活分野については、OECDが設定している「よりよい暮らし指標」（Better Life Index）に基づく一〇分野[24]をベースに、今の生活全体への満足度と、生活分野別の満足度を調べ、その相関度を分析している。満足度・生活の質に関する調査では、現在の生活にどの程度満足しているかについて、〇点から一〇点の一一段階で満足の度合いを質問し、全く満足していないを〇点、非常に満足しているを一〇点として調査を実施した。結果が内閣府の「満足度・生活の質に関する調査に関する第一次報告書」にまとめられている。

24　①家計と資産、②雇用環境と賃金、③住宅、④仕事と生活（ワークライフバランス）、⑤健康状態、⑥あなた自身の教育水準・教育環境、⑦交友関係やコミュニティなど社会との繋がり、⑧政治・行政・裁判所への信頼性、⑨生活を取り巻く空気や水などの自然環境、⑩身の回りの安全それによると、日本の総合主観満足度の平均点は、五・八九点であり、女性の方が満足度は高いこと、年齢別では谷型（四五歳～五九歳が最も低く、六〇歳以降で最も満足度が高くなる）の傾向があり、世帯年収・資産別では山型（年収は二〇〇〇万円～三〇〇〇万円で、資産は一億円～三億円で頭打ちとなる）の傾向があり、健康状態がよいほど満足度が高く、頼りになる人の数やボランティア活動の頻度等（ソーシャル・キャピタル）が増加するほど満足度が高いことが明らかとなった。

また、頼りになる人の有無が満足度にどう影響するのかについては、頼りになる人が多数（五人以上）いる場合、世帯年収一〇〇万円未満・不健康のような満足度を大きく引き下げる要因があったとしても満足度は大きく下がっていないこと、頼りになる人が全くいない場合でも、ボランティア活動をおこなっている場合には、満足度が高くなることが判明している。

年収の満足度分布については、一〇〇万円未満が五・〇一点、一〇〇万円～三〇〇万円未満が五・二〇点、三〇〇万円～五〇〇万円未満が五・六八点、五〇〇万円～七〇〇万円未満が五・九一点、七〇〇万円～一〇〇〇万円未満が六・二四点、一〇〇〇万円～二〇〇〇万円未満が六・五二点、二〇〇〇万円～三〇〇〇万円未満が六・八四点、三〇〇〇万円～五〇〇〇万円未満が六・六〇点、五〇〇〇万円～一億円未満が六・五〇点、一億円以上が六・〇三点となった。これは、ギャラップ世論調査の結果に比べ、満足度の分岐点は金額的に倍以上高かった。しかし、ギャラップ世論調査と同様に、年収が高ければ、満足度が高いわけではないことは同じである。これらの調査は、質問項目や統計手法が異なるため、一概に比較はできないが、ＧＤＰという経済指標以上に重要な観点であると考えられる。ただ、一〇〇万円未満が五・〇一点に対して、二〇〇〇万円~三〇〇〇万円未満が六・八四点という、一・八三の差が実際に何を意味するのかは明らかではない。

ところで、最も大事な問題の一つが貧困問題である。カーネマンのいう極度の貧困とは、日本ではどのくらいを指し示すのであろうか。

貧困の定義は、様々あるが、基本的には絶対的貧困と相対的貧困に分かれる。絶対的貧困は、最低限の生活を維持することが困難な状態である。そして、相対的貧困とは、その国の文化水準や生活水準と比較して困窮した状態である。厚生労働省による国民生活基礎調査では、ＯＥＣＤの基準に則しており、そこで用いられる相対的貧困率とは、一定基準（貧困線）を下回る等価可処分所得しか得ていない者の割合をいう。貧困線とは、等価可処分所得（世帯の可処分所得：収入から税金・社会保険料等を除いた手取り収入）を世帯人員の平方根で割って調整した所得の中央値の半分の額のことである。具体的には、日本の物価においては、貧困線は一二〇万円ほどである。では、どれぐらいが貧困線を下回るのであろうか。

日本の所得分布は、国民生活基礎調査によれば、年収所得が一〇〇万円未満は六％ほど、一〇〇万円~二〇〇万円未満は一二％ほど、二〇〇万円~三〇〇万円未満は一三％ほど、三〇〇万円~四〇〇万円未満は一二％ほど、四〇〇万円~五〇〇万円未満は一〇％ほど、五〇〇万円~六〇〇万円未満は八％ほど、六〇〇万円~七〇〇万円未満は八％ほど、それ以上は徐々に比率が下がって、二〇〇〇万円以上は一％ほどになる。細かく見ると、年収所得一二〇万円に満たない相対的貧困率は一五％ほどに相当する。これは、六~七世帯に一世帯ということで、世界第三位の経済大国としては、にわかに信じがたい結果である。ちなみに、中央値（所得を低いものから高いものへと順に並べて二等分する境界値）は、四〇〇万円強である。

日本では、富裕層であるファーストリテイリング（ユニクロ）の柳井正や、ソフトバンクの孫正義が活躍する一方で、中央値以下で生活する人が、四〇％を超えているという現実がある。不快な状態で過ごす時間が占める比率を、U指数（unpleasant）と呼ぶが、カーネマンは、社会全体のU指数を引き下げるために、抑圧や極度の貧困に取り組むことが優先課題であると述べている（二九五頁）。母子家庭や父子家庭の貧困問題もあるが、障害者の貧困への対策はどうであろうか。次項以降、社会福祉、社会政策と雇用政策からこの問題をみていく。

障害者数と社会福祉

社会福祉の前に、日本の障害者数と種類を把握しておきたい。正確な数は、内閣府が毎年発行する『障害者白書』における参考資料である「障害者の状況」で示されるので、正確な数ではなく概数を述べる。ただし、厚生労働省が発行する障害者手帳に基づいて数字を出すので、申請していない障害者は他にも存在する。

日本の障害者は、第一章で述べたように、身体障害、知的障害、精神障害に区分される。障害者数は、身体障害者四〇〇万人ほど（一八歳未満一・六％ほど、一八歳以上六五歳未満二三・六％ほど、六五歳以上七二・

六％ほど）、知的障害者一〇〇万人ほど（一八歳未満二二・二％ほど、一八歳以上六五歳未満六〇・三％ほど、六五歳以上一五・五％ほど）、精神障害者三九〇万人ほど（二五歳未満九・九％ほど、二五歳以上六五歳未満五二・九％ほど、六五歳以上三七・二％ほど）であり、合計は八九〇万人ほどである。一方、日本の国民数は、一億二〇〇〇万人ほどなので、全体に占める障害者の比率は、およそ七・四％にあたる。

『障害者白書』は、障害者を施設入所者と在宅者に分けており、身体障害における施設入所者の割合は一・七％、精神障害における入院患者の割合は七・二％、知的障害者における施設入所者の割合は一一・一％となっている。

日本は超高齢社会といわれるが、総人口に占める六五歳以上人口の割合（高齢化率）は二七・三％ほどなので、在宅の身体障害者の六五歳以上人口の割合である七二・六％は、約二・七倍となっており、高齢者に身体障害者の比率が高いことがわかる。このように、身体障害者は加齢に伴い増えていくのに対し、知的障害者と精神障害者は年齢による差異はそれほど大きくないが、知的障害者は年々、全体的に数が増加する傾向がある。それは、知的障害に対する認知度が高くなり、療育手帳取得者の増加が要因の一つと考えられる。

社会的少数者であるマイノリティの一グループとして、障害者以外にＬＧＢＴ（レズビアン・ゲイ・バイセクシュアル・トランスジェンダー）があるが、調査は基本的に自己申告となり、正確な数は定かではないが、様々な会社が調査をおこなっている。その一つ、電通ダイバーシティ・ラボによれば、八・九％であった。この数値を鑑みると、障害者数より若干多いといえるが、いずれも一〇％未満である。

さて、障害者の主な収入は、労働と社会福祉によってもたらされる。中には、家族の支援によって生活を成り立たせている場合もあるし、一部の富裕者は自らの資産（土地や株等）運用によって生活を成り立たせているが、多くの障害者は、自らの労働か社会福祉、もしくはその両方によって生活を成り立たせている。社会福祉とは何であろうか。福祉の訓読みは、福は「さいわ（い）」であり、祉も「さいわ（い）」である。福祉の漢字は両方とも、示偏が使われ、神や祭りが関係する宗教的意味合いも含まれている。特に祉の方は、それが止まる、すなわち神が留まることを意味している。まさに、幸せや幸いが重なり、そこに留まることこそが福祉なのである。もちろん、社会福祉は神によってもたらされるのではなく、国民の税金を集めた再分配として、社会システムの中に組み込まれている。goo辞書によると、社会福祉は、「公的な配慮・サービスによって社会の成員が等しく受けることのできる充足や安心。幸福な生活環境を公的扶助によって作り出そうとすること」とされている。個人の幸せが幸福とするならば、社会全体の幸せが福祉ということになろう。

杉本敏夫らによる『障害者福祉論』においては、障害者福祉という社会システムの始まりを、一九四八年の国連総会における世界人権宣言に見出している（一六～一七頁）。外務省による世界人権宣言の訳文の第一条は、「すべての人間は、生れながらにして自由であり、かつ、尊厳と権利とについて平等である。人間は、理性と良心とを授けられており、互いに同胞の精神をもって行動しなければならない」としている。まさに、人権の下に福祉はあるのだということになる。これは二つの大戦の後に、人類がその経験を反省の念を込めて宣言したものだと考えられる。

また、世界人権宣言より少し前に、日本国憲法も一九四六年に公布され、一九四七年に施行されている。同じように大戦の反省が生かされていると考えることができる。そして、第一一条は「国民は、すべての基本的人権の享有を妨げられない。この憲法が国民に保障する基本的人権は、侵すことのできない永久の権利として、現在及び将来の国民に与えられる」と規定し、基本的人権を明記している。また、第一四条は「すべて国民は、法の下に平等であって、人種、信条、性別、社会的身分または門地により、政治的、経済的又は社会的関係において差別されない」として法の下の平等を謳っている。重ねて、第九七条では「この憲法が日本国民に保障する基本的人権は、人類の多年にわたる自由獲得の努力の成果であって、これらの権利は、過去幾多の試練に堪へ、現在及び将来の国民に対し、侵すことのできない永久の権利として信託されたものである」と規定している。日本は政治体制として、絶対君主制とは違い、立憲民主制をとっており、憲法が最高法規となり、国家権力を抑制している。

日本国憲法第一四条では、経済的において差別されないとしたのみで、生存権や社会権については、第二五条に明記されている。第二五条第一項は、「すべて国民は、健康で文化的な最低限度の生活を営む権利を有する」とし、第二項は、「国は、すべての生活部面について、社会福祉、社会保障及び公衆衛生の向上及び増進に努めなければならない」と書かれている。ここに社会福祉をめぐる日本の考えが表れ、生活保護の必要性と妥当性が確認できる。

社会的弱者と考えられる障害者が、社会福祉においてどれほどの保障があるのであろうか。障害者の所得を保障する制度として、年金制度、生活保護制度、そして障害の状況に応じた手当制度等がある。これらは国の制度であるが、これとは別に、各自治体では独自の手当制度があり、給付をおこなっている。以降は、金額を明記するが、これは本書記載時の金額であり、更新されたり、受け取るには細かい仕様があるので、参考程度に留めていただきたい。

まず、最も金額的に手厚いのが年金制度であるが、高齢者の老齢年金とは異なり、障害年金と呼ばれる。また、老齢年金のように所得税や住民税は控除されない。障害年金は、障害基礎年金と障害厚生年金に分かれ、その障害において医療機関を利用した初診日に入っていた年金によって決まる。障害基礎年金は一般的に、自営業者など厚生年金ではない人が対象となる。

障害基礎年金の一級が九七万四一二五円（月額八万一一七七円）、二級が七七万九三〇〇円（月額六万四九四一円）となり、どちらも一八歳までの子ども（高校生まで）がいる場合は、子の加算が付く。子の年間加算額は、一人につき二二万四三〇〇円（月額一万八六九一円）で、三人目以降の場合、一人につき七万四八〇〇円（月額六二三三円）である。この等級は、障害者手帳の等級ではなく、障害基礎年金は、全国四七ケ所ある事務センターにおいて二〇〇名以上いる障害認定医によって決定され、障害厚生年金は、本部である障害年金業務部において二〇名以上いる障害認定医によって決定される。

一方、障害厚生年金は、一級が平均標準報酬額×［五・四八一÷一〇〇〇］×被保険者期間の月数×［一二五÷一〇〇］＋配偶者加給年金額であり、二級が平均標準報酬額×［五・四八一÷一〇〇〇］×被保険者期間

の月数＋配偶者加給年金額であり、障害厚生年金三級が平均標準報酬額×［五・四八一÷一〇〇〇］×被保険者期間の月数である。平均標準報酬額とは、被保険者であった期間の標準報酬月額の合計を、被保険者であった期間の月数で割った額である。そして、配偶者加給年金額は、年間約二二万円（月額約一万八〇〇〇円）であり、三級には支給されない。例えば、一級で年間四〇〇万円の報酬で一〇年働き、配偶者がいるとすると、概算において、一級が一九〇万円（月額一六万円）ほど、二級が一五〇万円（月額一三万円）ほど、三級が五九万円（月額五万円）ほどとなる。なお、障害厚生年金三級には、最低保証額年間約五八万円（月額約四万八〇〇〇円）があり、障害厚生年金一級と二級は、障害基礎年金における子の加算額が追加される。

これらの年金は、本人が保険料を納付していることから、働いて賃金を得ようが、基本的に制限されることはない。ただし、改善して障害状態に該当しなくなれば、障害年金は止まることになる。

もし、年金に加入していないために障害基礎年金等を受給していない場合は、特別障害給付金制度として、一級は月額五万二四五〇円、二級は月額四万一九六〇円を受給できる。また、特別障害者手当があり、特別の介護を必要とする特別障害者に対しては、本人、配偶者および扶養義務者に所得制限があるが、月額二万七三五〇円を受給できる。その他、二〇歳未満の障害児については、特別児童扶養手当や障害児福祉手当などがある。それ以外の手当もあるが、ここでは詳細は割愛したい。

障害年金は、社会保障として重要な制度ではあるが、障害厚生年金の一級と二級は、本書のケース試算では、貧困線を上回るが、障害基礎年金では、一級でさえ貧困線を下回る。配偶者や家族の支えを得られないとしたら、極度の貧困に相当する可能性が高い。これは、社会福祉の最後のセーフネットである生活保護と比べてどうなのか。また、日本で最低限の生活をするには、いくら必要なのか。

最低限の生活にかかる金額は、時代や物価に加え、住む地域や住居環境、世帯人数や家族構成、年齢や健康状態などで変わってくる。厚生労働省の「生活保護制度の現状等について」の資料によれば、最低生活費は生活扶助、住宅扶助、介護扶助、出産扶助、教育扶助、医療扶助、生業扶助、葬祭扶助の合算である。具体的には、生活扶助基準額算出方法の事例として、東京都区部等に在住する母子世帯（母三〇歳、子二人〔四歳・二歳〕）の場合で説明している。生活扶助基準額は、第一類費＋第二類費＋加算額であるとして、合計で一七万五九一〇円だとしている。内訳は、第一類費である食費・被服費等個人単位に係る経費について、年齢階層別・級地別に基準額を設定し、四万二七〇円（母三〇歳）＋二万六三五〇円（子四歳）＋二万九〇〇〇円（子二歳）の合計が八万七五二〇円である。次に、第二類費である光熱費・家具什器等の世帯単位の経費について、冬季（一一月～翌年三月）には地区別に冬季加算が別途計上するため、三人世帯は五万三二九〇円としている。最後に、加算額として、母子加算二万五一〇〇円（子二人）＋児童養育加算五〇〇〇円×二子（四歳・二歳）の合計が三万五一〇〇円である。最低生活費は、この生活扶助に加え、住宅扶助、介護扶助、出産扶助、教育扶助、医療扶助、生業扶助、葬祭扶助を加えたもので、東京都区部の住宅賃金の平均は一〇・三七四万円[25]であるが（公的住宅はとりあえず考慮しない）、たとえ1K三万円の住宅扶助を加えてもこの三人家族の最低生活費は二〇万円を超える。

生活保護制度を受給している人は、二一〇万人ほどであり、世帯数は一六〇万世帯ほどである。そして受給者は、二〇一五年をピークに下降傾向にある。生活保護制度は、最低生活を保障するが、資産・能力等すべてを活用してもなお生活に困窮する者に対し、困窮の程度に応じた保護を実施し、就労指導等の自立の助長をおこなっている。支給される保護費の額は、最低生活費から収入を差し引いた差額に対して支給される。収入としては、就労による収入、年金等社会保障の給付、親族による援助等に加え、預貯金・保険の払戻金・不動産等の資産の売却収入等も認定するため、これらを使い尽くした後に初めて保護適用となる。

最低生活費が二〇万円と想定すると、資産や家族の支援等のない障害者は、障害基礎年金において一級や二級と認められても、労働等の収入がなければ生活保護制度に頼らざるを得ない。日本の障害者に対する社会政策は、どのような性格を持っているのだろうか。次に、日本の社会政策を概観する。

障害者の社会政策

日本の社会保障であるが、国家予算としてどれくらい使っているのであろうか。日本の国家予算は一〇〇兆円を超えるが、一番多い項目が社会保障関係費であり、全体の三分の一以上を占めている。厚生労働委員会調

25　不動産・住宅情報サイト「ライフルホームズ」のワンルーム・1K・1DK／マンション・アパート・一戸建ての相場表による。

査室の捧直太郎による「社会保障関係予算」を概観すると、社会保障関係費である三五兆円ほどの内訳は、年金三五%、医療三四%、介護九%、少子化対策九%、社会福祉費等（生活扶助等社会福祉費・保健衛生費・雇用労災対策費等）一三%となっている。これは当然、障害者だけではなく、日本国民全体の社会保障費となっている。

そもそも日本の障害者施策に対する法律は、一九七〇年に制定された心身障害者対策基本法であり、これが改正され、障害者基本法が誕生した。この基本法に基づき、障害者基本計画が政府で閣議決定され、障害者への施策として策定された。障害者基本法第一一条には、「政府は、障害者の自立及び社会参加の支援等のための施策の総合的かつ計画的な推進を図るため、障害者のための施策に関する基本的な計画を策定しなければならない」としている。

障害保健福祉関係予算については、年々増加しており、一二年間で約三倍近くになって二兆円を超えている。主な施策は、障害児・障害者のための環境整備に一兆円以上が使われ、半分以上を占める。具体的には、障害児・障害者が地域や住み慣れた場所で暮らすために必要な障害福祉サービスや障害児支援を総合的に確保することであり、障害福祉サービスとは、居宅介護・重度訪問介護・同行援護・行動援護・重度障害者等包括支援・短期入所・療養介護・生活介護・施設入所支援・自立訓練（機能訓練）・自立訓練（生活訓練）・宿泊型自立訓練など、多岐にわたる。

その他、地域生活支援事業等の拡充、障害福祉サービスの提供体制の基盤整備（施設整備費）、医療的ケア児に対する支援、発達障害児・発達障害者の支援施策の推進、視覚障害者等の読書環境の向上、就労支援事業所等で働く障害者への支援の推進などに支出される。

こういった障害者支出について、国立社会保障・人口問題研究所の勝又幸子は「国際比較からみた日本の障害者政策の位置づけ――国際比較研究と費用統計比較からの考察」において、一九九〇年代に社会政策分析の促進を目的として開発されたＯＥＣＤＳＯＣＸを用い、障害支出総額は、ＯＥＣＤ加盟国の中で「日本はメキシコ、韓国に次いで低い」と指摘している。勝又は、各国の社会政策の実施主体は多様であり、制度も異なるので一概に比較は難しいとしながらも、諸外国では老齢年金はここに含まれないが、日本の場合は含まれているため、やはり日本の支出は過少であり、障害者政策における支出は少ないと結論付けている。

厚生労働省による「ＯＥＣＤ基準の社会支出の国際比較」によれば、政策分野別社会支出の対ＧＤＰ国際比較において、障害現金は他国（アメリカ・イギリス・ドイツ・フランス・スウェーデン）と比べ最も低く、イギリスの二〇％未満である。加えて、政策分野別社会支出の対国民所得比の国際比較においても、障害現金は他国（アメリカ・イギリス・ドイツ・フランス・スウェーデン）と比べ最も低く、イギリスの一二％ほどである。ちなみに、障害現金とは障害年金やその他の障害手当金を指している。

柴田徳衛は『障害者政策の国際比較』において、身体障害者に限定して、国の財政支出を諸外国と比較しているが、予算項目通りに狭義ととるのか、他の障害者および障害児や老人福祉費まで広義に含めてとるのかによって異なると前提をした上で、諸外国（イギリス・ドイツ・フランス・スウェーデン）と比較し、社会政策費の対ＧＤＰ比はスウェーデンの二五％ほどであり、障害者施策費の対社会政策費もスウェーデンの二四％ほどであり、諸外国の中で最も低いとしている。このように、やはり日本は障害者に対する社会的支出が少ないと考えられる。

諸外国と比べ、世界経済第三位であるにも関わらず、障害者に用いられる金額が少なく、障害基礎年金の一級の障害者であっても、その受給だけでは貧困線を下回る状況の社会政策がなぜとられるのであろうか。

それには、少子化や経済のデフレ化等による税収の悪化という面もあるが、「受益者負担の原則」における誤った認識が社会通念として浸透している可能性があるのではないだろうか。本来、受益者負担の原則とは、goo辞書によれば、「公共サービスなどの事業によって利益を受ける人が、利益の度合いに応じて、その事業にかかる費用を負担すべきであるという原則」である。問題は、受益者とは誰かを確認することである。税金は公金なので、公共性や公平を欠いた項目に支出することは許されない。しかし、貧困線を下回る弱者を救うことが、それに適わないとは考えられない。それは、日本国憲法第二五条の生存権から鑑みても妥当である。

障害者の生活は、本人と家族だけが責任を負うべきだといった、誤った「受益者負担の原則」の解釈の浸透が、社会全体の利益を蝕むことに繋がる恐れがある。例えば、高等学校が無償化されたのは、文教科学委員会調査室の有薗裕章の『『高校無償化』の意義～公立高校授業料不徴収及び高等学校等就学支援金支給法案～』によれば、その政策目的は、「家庭の状況にかかわらず、全ての意志ある高校生・大学生が安心して勉学に打ち込める社会をつくる」ことである。そして、あるべき教育の目的と性格について、「すべての教育訓練を通じて、人間形成上必要な普通教育を尊重し、個人、家庭人、社会人および国民としての深い自覚と社会的知性を養う」ことと述べるように、受益者は高校生本人ならびに家族のみならず、社会全体の利益になるのである。

杉野は、『障害学――理論形成と射程』の中で、「日本の社会福祉制度は、『家族扶養主義』を原則としている。生活に困窮した個人は、まず家族によって救助されるべきであり、それが不可能な例外的な場合のみ、国家が支援するという考え方である」(二二九頁)と述べている。そして、介護保険制度の施行に伴い、この福祉改革は、家族の介護力を国が補強するものに過ぎなかったと結論付けている。それだからこそ、障害学と障害運動は、脱親・脱家族を主題化し、深めていく必要があると強調している(二三〇頁)。

生活保護制度は、最終的なセーフネットであり、そこに障害者の受け皿を見出すのではなく、障害年金という社会制度の中に、生活が可能な保障を保っている事こそが、国や社会の豊かさであり、いつ障害者になるかもしれない現実において人々に、安心感をもたらすことに繋がるのではないだろうか。また、社会的弱者である障害者とその家族を、社会的にも金銭的にも関係的にも救うことが、豊かな社会を目指す人々の当然の義務と考えられる。豊かな社会とは、貧困線を下回る人ができる限り少ない社会であり、また、頼りになる人が多数(五人以上)いたり、ボランティア活動をおこなって、人々が助け合う社会であろう。

「障害者が働く意義」で日本理化学工業の大山泰弘を取り上げたが、大山は二〇〇九年に埼玉県より、株式会社ヤオコー代表取締役会長と、はごろもフーズ株式会社顧問と共に渋沢栄一賞を受賞している。埼玉県は、近代日本の産業経済の礎を築いた埼玉県出身の渋沢栄一を冠した賞を二〇〇三年より企業家に贈呈している。そして埼玉県はオフィシャルサイトにおいて、「今日の企業家のあるべき姿を示すため、渋沢栄一の精神を今に受け継ぐ全国の企業経営者に渋沢栄一賞をお贈りしています」と述べている。

それを受賞した大山は、会社見学の際に譲渡された大山泰弘の文書の題名である「重度知的障がい者に導かれた人間尊重の皆働社会を目指して」の文書において、ある疑問を呈したことが綴られている。それは、社会貢献のための寄付を一銭もしていない経営者がなぜ受賞できたのかということである。それに対して主催者側は、「日本では一般社会で働けないからと福祉施設で二〇～六〇歳までケアすると、総費用を定員で割って、四〇年間で一人二億円以上かかっているのに、貴社は五〇年の重度障がい者雇用の中で、すでに六〇歳以上勤めた人を五人も卒業させています。それは一〇億円の国の財政を減らした大きな貢献に相当するからです」と応えた。寄付は一時的だが、障害者雇用は継続することによって、社会により以上の便益をもたらしている。これこそが社会福祉だけに頼らない、極度の貧困の解決法の一つであり、継続する社会システムであろう。社会福祉を含めた社会制度は、政権が変わったり、時代変化の影響を受け、不安定であるといえる。そして、その雇用には、生活費のための金銭のみならず、豊かな人間関係を築く可能性もある。

社会全体の利益を増していくためには、行動経済学者のダニエル・カーネマンが述べたように、抑圧や極度の貧困に取り組むことが優先課題であるし、国は障害者本人と家族の問題だとして、諸外国と比べ支出を抑えるのではなく、貧弱な障害年金を改善し、障害者の誰もが貧困線を下回らないように諸外国以上に社会支出を上げていくべく、障害者施策に対して真剣に取り組むべきだと考える。

また、大山のような経営者を輩出すべく、社会的価値観の議論を高めたり、その経営手法を理論化および一般化して用いるための研究が求められる。加えて、消費者が社会的価値の高い企業を認知し、消費行動において、その企業を支持し、その企業の利潤に貢献していくことも求められる。大山が述べるように、障害者が働ければ、社会保障費は少しでも削減され、働く喜びがあれば、障害者の人生に豊かさと充実感が加わっていく可能性がある。ところが、現実はそうではなく、経営者の意識は、おおかた障害者雇用には向いていないと考えられる。その理由を次項で取り扱うが、含めて日本の障害者の雇用政策に言及する。

障害者の雇用政策

障害者雇用に関しては、一九六〇年に制定された身体障害者雇用促進法があり、その改正を経て[26]、障害者の雇用の促進等に関する法律（以下、障害者雇用促進法）に至っている。その施策の管轄は厚生労働省であり、この法律に基づいて、事業主に対し、障害者雇用率（法定雇用率）を義務付けている。二〇一九年の民間企業（対象労働者数四五・五人以上の規模）は二・二%、国・地方公共団体・特殊法人等[27]は二・五%、都道府県等

26　二〇一三年の障害者雇用促進法改正により、二〇一八年四月一日から対象に精神障害者（発達障害者を含む）が加わった。
27　特殊法人・独立行政法人は、対象労働者数四〇人以上の規模。国・地方公共団体は、除外職員を除く職員数四〇人以上の機関。都道府県等の教育委員会は、除外職員を除く職員数四二人以上の機関。

の教育委員会[28]は二・四%となっており、今後引き上げが予定されている。法定雇用率の計算は、（障害者の常用労働者数＋障害者の失業者数）÷（常用労働者数＋失業者数）で計算する。例えば、一〇〇人の民間企業は、計算すると法定雇用率は二・二となり、障害者雇用促進法第四三条では端数は切り捨てと明記されているので、二人以上の障害者を雇用しなければならない[29]。大企業の場合は、障害者を多数雇用する特例子会社[30]を設立した場合は、その会社も含めて法定雇用率が設定される。

その雇用状況は、厚生労働省[31]によれば、民間企業は、当時の法定雇用率二・〇%に対して実際は一・九七%で、法定雇用率を達成した企業の割合は五〇%であった。厚生労働省[32]によれば、国一・二二%、都道府県二・四四%、市町村二・三八%、教育委員会一・九〇%、独立行政法人等二・五四%となっている。この結果は、国が施策したにも関わらず、その達成に半分も及ばない実態が明らかとなったが、二〇一八年八月には障害者数水増し問題が起こった。その統計不正は、中央省庁の二八の機関で合計三七〇〇人余りが不適切に計上されていたことをはじめ、障害者手帳や診断書などによる確認をおこなわず、実際には障害者ではない人や、既に退職した人などを雇用したことにして実雇用率を計上していたというものだ。杜撰で悪意ある公表といえよう。民間企業の場合は、障害者雇用促進法第八六条によって、事業主が毎年の報告をおこなわなかった場合や、虚偽の報告をした場合について、三〇万円以下の罰金を定めているが、公共機関についての罰則はない。

もし、その事業主が法定雇用率を満たさないと、障害者雇用納付金制度による納付義務が発生する。ただし、これは民間企業のみで、公共機関に対してはそのような規定はない。民間企業は、常用労働者一〇〇人超の場合、法定雇用率不足一人に対して月額五万円徴収となるが、常用労働者一〇〇人超二〇〇人以下の場合は、不足一人に対して月額四万円徴収（期限付き）となる。納付金はあくまで罰金ではなく、障害者雇用促進法第四九条には「経済的負担の調整並びにその雇用の促進及び継続を図るため」とあり、法定雇用率を達成するか否かで経済的負担が異なることが理由としている。したがって、民間企業が障害者を雇うことは、経済的負担であると考えていることが分かる。逆に法定雇用率を達成すれば、常用労働者一〇〇人超の場合、超過一人に対して月額二万七〇〇〇円が支給される[33]。この財源は、法定雇用率不足の徴収金で賄われ、法定雇用率達成が満たされるほど支払いは困難になってゆく。

障害者雇用施策には、上記の障害者雇用促進法と障害者総合支援法（正式名称は、障害者の日常生活及び社

28　同上
29　障害者のカウント方法は、短時間労働者（一週間の所定労働時間が二〇時間以上三〇時間未満）を〇・五として数えることができる。また、短時間労働者以外の重度身体障害者や重度知的障害者は、一人を二人に相当するものとして数えることができる。
30　特例子会社には、いくつかの条件がある。例えば、親会社が特例子会社の意思決定を支配していること、障害に対する施設改善や専任指導員の配置といった働きやすい職場環境が用意されていることなどである。ただし、職種によっては、障害者を雇うのが困難な場合もあり、除外率制度が設けられている。
31　厚生労働省「平成二九年障害者雇用状況の集計結果」職業安定局雇用開発部障害者雇用対策課、二〇一七年
32　厚生労働省「平成三〇年国の機関等における障害者雇用状況の集計結果」職業安定局雇用開発部障害者雇用対策課、二〇一八年
33　常用労働者一〇〇人以下の企業については、報奨金制度があり、障害者を四％または六人のいずれか多い人数を超えて雇用すれば、超過一人当たり月額二万一〇〇〇円が支給される。その他、在宅就業障害者に仕事を発注する場合は、在宅就業障害者支援制度があり、特例調整金・特例報奨金が支給される。

会生活を総合的に支援するための法律[34]）が存在する。障害者総合支援法は、（第一条）「日常生活又は社会生活を営むことができるよう、必要な障害福祉サービスに係る給付、地域生活支援事業その他の支援」を総合的におこなうことを目的としている。そして、その福祉サービスは、自立支援給付と地域生活支援事業の二つに大きく分けられ、自立支援給付の中に訓練等給付が存在する。訓練等給付の中に、就労移行支援と就労継続支援があり、就労移行支援では、就職計画・職業訓練・就職活動・職場定着の支援をおこなっており、障害者は二年間利用することができる[35]。

一方、就労継続支援では、一般就労が困難でも支援があれば働ける障害者に対し、実際に職場を提供している。その職場は、雇用契約を結んで働く就労継続支援A型（雇用型）と、契約を結ばずに働く就労継続支援B型（非雇用型）の二種類がある。双方とも利用料を支払わねばならない場合もあるが[36]、就労継続支援A型（雇用型）は給料が支払われ、就労継続支援B型（非雇用型）は工賃が支払われる。障害者全体（一五歳以上）の労働力人口は、身体障害者一〇〇万人ほど、知的障害者五〇万人ほど、精神障害者一九〇万人ほどであり、合計は三四〇万人ほどである。日本の労働力人口は、六〇〇〇万人ほどなので、労働力人口に占める障害者の比率は、およそ五・六％にあたる。そのうち、就労継続支援A型（雇用型）および就労継続支援B型（非雇用型）を利用している人は、厚生労働省[37]によれば、就労継続支援A型（雇用型）が六・九万人ほど、就労継続支援B型（非雇用型）が二四万人ほどである。

就労継続支援の事業所はA型・B型問わず、収益を目指すものの、経営には公共の資金的関与が欠かせない。それゆえ、介護給付費または訓練等給付費を支給すると障害者総合支援法第二九条で定めている。これらの使用用途は、法律で定める障害福祉サービスに充当すべきであり、給料・工賃に充てることはできない。その意味で、A型・B型事業所は公共的な存在であり、給付費目当てで運営することや、障害者を商売道具の駒と見立てるような非人間的な扱いは許されない。

実際に、就労継続支援B型（非雇用型）を経営し、長年にわたって福祉業務に携わってきた、株式会社日本福祉事業総合研究所の福田雅彦代表取締役[38]が解説してくれたので、雇用政策の現状がよく理解できる内容なので、長いがそのまま転載する[39]。本書の立場は、全面同意する。

34　その前身は、障害者自立支援法であり、二〇一三年に施行された。その後、二〇一六年に一部を改正し、二〇一八年に施行された。その対象は、障害者に加えて難病がある一八歳以上の人としている。難病とは、同法第四条において「治療方法が確立していない疾病その他の特殊の疾病であって政令で定めるものによる障害の程度が厚生労働大臣が定める程度である者」として、三五九疾患ほどが指定されている。

35　自治体の個別審査においてさらに一年間延長されることがある。また、職場定着の支援は利用期間に含まれないので、二年目以降もおこなわれることがある。

36　A型・B型とも、生活保護受給世帯や市町村民税非課税世帯は無料であるが、細かい設定を省いて、その利用料は三万七二〇〇円ほどである。

37　厚生労働省「障害者の就労支援対策の状況」、二〇一八年

38　福田は、株式会社ジョイフルハーツ執行役員、一般社団法人ナラティブケア協会理事長、一般社団法人あいち多胎ネット監事も兼務している。

39　電子メールを経由して解説を下さった。そして転載許可を得た（二〇二〇年八月二〇日）。

「障害者の就労を支援するサービスには、就労移行支援、就労継続支援A型、就労継続支援B型の三つがあり、いわゆる就労三兄弟といわれております。さらに、平成三〇年四月より、障害者の就職後の定着について支援する就労定着支援事業も創設されています。

主に、この三つのサービスの中で就労移行支援は、一般企業への就職をサポートします。就職に必要なスキルを身に付けることができ、希望する職種、職場とのマッチングから就職後の定着も支援します。また、就職後の定着のみを支援する就労定着支援事業を併設する事業所も増えてきました。

次に就労継続支援A型は、比較的に安定している障害者がサポートを受けながら働くことのできる事業所で『支援付き就労』という意味合いがあります。就労移行支援・就労継続支援B型と違って福祉事業所で雇用され、給与を得ることができます。ただ、即収入を得るメリットはありますが、一般企業への就職訓練が充実しているわけではなく、事業所によっては短時間労働であったり、作業選びに制約があります。

最後に就労継続支援B型の特徴は、一般就労ができない障害者が、就労の機会だけではなく居場所の提供という側面があるということです。働いて対価を得る楽しみだけではなく、人と人の関わりによってもたらされる喜びも得ることができます。ただ、労働の対価は工賃という形で支払われ、平均的な収入はA型にくらべ低いです。

さて、一般企業の障害者雇用が進んだ現在では、一般企業でも支援を受けながら働くことができる『支援付き就労』が多く見られるようになりました。さらに就労定着支援事業が創設されてから一般企業への就職後も支援を受けることができるようにもなりました。このことから、企業で働ける方は移行と定着、難しい方はB型を利用するといっても過言ではなくなりました。

A型事業所を否定するわけではありませんが、短時間労働にされたり、低収益の仕事しか提供されなかったり、自立支援給付費が賃金に充てられるなどの不正受給も多くみられたため、安定して働けるならA型でなくとも一般企業で働くことが望ましいと思います。

ただ、企業によっては法定雇用率や特定求職者雇用開発助成金を鑑み、障害者手帳保持者のみを雇用の対象者としたいとの考えは否めませんので、障害者福祉事業に携わる者としては手帳の有無に関係なく障害者を雇用する企業が増えることを願うばかりですし、また、そうであるべきだと思っています」。

さて次に、A型・B型事業所における障害者の収入など、実際の障害者の雇用をみていく。

第三章　障害者の雇用

障害者が働くということ。

「失業と同様に職業活動もまた神経症的な目的のための手段として濫用されうるのである。この職業を目的のための手段として神経症的に使用することと、労働が有意義な生活の目的のための手段であるように配慮する正しい態度とは区別されねばならない。なぜならば人間の尊厳は、彼自身が労働過程や生産手段への単なる手段に貶められることを禁ずるからである。労働能力が一切なのではない。それは生命を意味で充たすための必要な根拠でもなければ充分な根拠でもない。一人の人間は、労働可能でありながら、しかしそれにもかかわらず有意味な生活をなすことができないのに、他の人間は労働不能でありながら、それにもかかわらずその生命に意味を与えるのである」（一四一〜一四二頁）

［V・E・フランクル（霜山徳爾訳）『死と愛』みすず書房］

働く障害者と賃金

星加良司が『障害とは何か』において、興味深い命題を与えている。「ある会社が一人分の労働を必要としており、それに加えＡ、Ｂの二名が求職していたとする。Ａには障害があり働くための環境整備にコストがかかるが、環境が整備されれば、ＡとＢの生産性は同じである。このとき、（１）会社がＢだけを雇うこと、（２）ＡとＢを半分の労働時間、半分の賃金で雇うこと、（３）Ａだけを雇うこと、から帰結する不利益についてどのような判断を為すべきか」（二七六頁）。この命題に対して、星加は「社会全般にわたってＡが不利益を集中的に経験しているのならば、（３）は正当化される可能性がある」（二七六頁）としている。さらに星加は、『不利益の集中』が回避されるべきであることの妥当性が社会的に共有されているならば、少なくとも『不利益の集中』の極限的なケースにおいて、そうした対応は、『哀れみ』といった情緒的なレベルにおいてではなく正義の領域において正当化されることになると言えよう」（二七七頁）と、社会観念の重要性を述べている。

この議論を吟味しよう。この議論はおそらく正しい結論は存在しないが[40]、決定するのは誰なのかという経営的視点を加えると、一定の見解にたどり着く。採用を決定するのは、おそらくその企業の経営者ないしは総務部の人事担当者であろう。環境を整備することにコストがかかるならば、経営判断として経営者が判断を下すことになる。企業は営利追求組織なので、その営利が担保されて初めて働く者は、賃金を手にすることができる。

結局、経営者はその仕事の遂行において、労働の有効性とコストを天秤にかけて採用の判断を下すことになる。そうなると、障害者への環境整備だけがコストとして計上され、生産性は健常者と能力的に同等なので、有効性はゼロとなる。この選択を、あえて障害者を採用する場合もあるが、『不利益の集中』という社会通念と洞察を経営者が持ち得れば障害者雇用は可能かもしれないが、その場合でさえ、経営的選択は企業が利益を出すことに基軸は置かれることになる。すべからく、経営的判断は、ゴーイング・コンサーン（企業継続）が前提であり、それが結果としてもたらされれば、社会貢献の意味も含めて障害者雇用は、極度の貧困をなくすことが社会全体の利益という考えからも望ましい。

ところが、現実に障害者に支払われる賃金や工賃は高くないし、社会における障害者雇用は、障害者雇用率（法定雇用率）があるにも関わらず、それを満たしていない。まずは、賃金や工賃の問題から入るが、賃金や工賃が低い理由は、障害者を差別したり、文句をいわない障害者から搾取しているのではない。それしか払えない現実と理由が存在する。まずは就労継続支援A型（雇用型）と、就労継続支援B型（非雇用型）における収入をみていく。

40　社会福祉学が専門の遠山真世は、「障害者の就業問題と社会モデル――能力をめぐる試論」において、障害者の就業確保のために、能力主義（能力の低い障害者の排除を正当）と反能力主義（能力の低い障害者の排除を不当）の対立ではなく、新たに「責任モデル（能力評価前のディスアビリティによる不当排除と、能力評価段階のインペアメントの不利状況の両方の社会的解決を目指す）」を提唱している。

厚生労働省の社会・援護局障害保健福祉部障害福祉課長通知において、前年度に利用者に対し支払われた賃金や工賃を報告する義務があるため、それを把握することが可能である。それによると、就労継続支援A型（雇用型）は最低賃金以上であり、平均月額賃金は七万五〇〇〇円ほどであり、就労継続支援B型（非雇用型）は最低賃金以下であり、平均月額工賃は一万五〇〇〇円ほどであった。

かつて、就労継続支援A型（雇用型）の平均月額賃金は、二〇〇六年度は一一万円強であったが、年々減少し、二〇一五年度は六万円台まで減少した。なぜ賃金が下降したのかは、就労継続支援A型（雇用型）の事業所が増大し、中には補助金目的のみの業者もおり[41]、その流れを受けて、政府が給付金要件を厳しくし、自立支援給付を賃金に充当することはできないとし、生産活動収入から経費を除いた額から賃金を支払うことになったためであると考えられる。

就労継続支援B型（非雇用型）に関しては、わずかではあるが、年々微増している傾向がある。その取り組みとして、厚生労働省による工賃倍増五か年計画（二〇〇七〜二〇一一年度）、さらに工賃向上計画（二〇一二〜二〇一四年度）がある。厚生労働省の『工賃向上計画』の実施について」では、「工賃向上のためには、事業所責任者の強い意志に基づく強力なリーダーシップが不可欠であり、事業所の全職員、利用者及び家族に対して経営理念・運営方針を示し、共有していく必要がある」としている。就労継続支援A型（雇用型）も就労継続支援B型（非雇用型）も、給付金を受け取るサービスの特徴から、定期的に行政から実地指導・監査がある。

では、障害者全般の賃金はどうなのであろうか。内閣府による『障害者白書：図表1――35賃金・工費の平均月額』によれば、障害者の賃金は総じて低く、健常者の月平均賃金が二六・四万円に対して、身体障害者は二五・四万円、知的障害者は一一・八万円、精神障害者は一二・九万円となっている。障害者の中で身体障害者が最も高収入だが、身体障害者ですら一九万円未満が四三・七％であり、およそ半分が一九万円未満である。在宅の場合も、約三〇％が一一万円未満であり、知的障害者の場合は六一・七％が三万円以下である。

また、厚生労働省による「身体障害児／人の実態調査」によると、身体障害者にしても、その就業率は二〇・四％であり、その内容は、事務一六・一％、専門的・技術的職業一四・二％、サービス業一一・七％、農業・林業・漁業一〇・〇％となっている。その就業形態は、常用雇用労働者三四・九％、自営業主二五・三％、会社・団体の役員一一・五％、家族従事者七・一％、臨時雇・日雇四・九％である。この身体障害者の月収入結果は、調査対象の八七一人に対して、七万円以上一一万円未満が最も多い。不就業者のうち、過去に就業経験を有する者は二八・五％であり、辞職理由は、結婚・育児のため九・四％、定年のため八・〇％、病気のため七・六％となっている。就業経験を有する不就業者のうち、就業を希望する者は三〇・七％である。希望しない理由は、病気療養中一八・六％、働く必要がない一六・六％となっている。この働く必要が無いという理由は、その実態は明らかではない。

41　一九九六年には、水戸市のアスカ紙器において、助成金不正受給事件があった。

障害者は第二章で述べたように、就業以外に障害年金や、特別障害者手当・生活保護費を受け取れる可能性がある。ちなみに、身体障害者で生活保護を受けている者は、「身体障害児／人の実態調査」によれば、全体の三・六％であり、三万六〇〇〇人ほどになる。厚生労働省による「生活保護の被保護者調査の結果」によると、生活保護費を受給しているのが二一万六八〇七人であるので、全体に対する身体障害者が生活保護を受給している割合は一・七％ほどになる。そして、身体障害者の六七・七％の者が、障害年金を受給し、一六・六％の者が特別障害者手当を受給している。

一方、民間団体の「きょうされん」[42]は、一万人以上の障害者に対して「障害のある人の地域生活実態調査」[43]を実施した。それによると、生活保護を受給している割合は一一・四％であり、障害基礎年金を受給している割合は八一・二％であり、障害厚生年金を受給している割合は四・四％であり、生活保護受給者以外の月収入は、四・二万円以上八・三万円未満が最も多い。

この調査を鑑みても、障害者は収入が低い傾向があるといえる。その解決のための手法は、一つは障害者雇用数を増やすと共に賃金を上げることと、障害年金等の社会保障を手厚くすることであろう。前者でいえば、時給単価もそうなのだが、雇用形態にも問題がある。障害者の雇用は、正規雇用ではなく、非正規雇用が多い。厚生労働省による「障害者雇用実態調査」によれば、障害者の雇用形態は、正社員が身体障害者は五二・五％、知的障害者は一九・八％、精神障害者は二五・五％、発達障害者は二二・七％となっている。この調査では、労働時間（週所定労働時間）に対して、健常者は一日八時間×週五日＝四〇時間が通常なのに対して、週三〇時間以上の障害者は身体障害者が七九・八％、知的障害者が六五・五％、精神障害者が四七・二％、発達障害者が五九・八％となっている[44]。このように障害者は、非正社員が多く、しかも障害者は時給に関する最低賃金が保証されてはいない。

日本では雇用にあたって最低賃金が都道府県ごとに決められているが、障害者には特例があって厚生労働省は「最低賃金の適用される労働者の範囲」において、一般の労働者より著しく労働能力が低いなどの場合に、最低賃金を一律に適用するとかえって雇用機会を狭める恐れなどがあるためとして、精神または身体の障害により著しく労働能力の低い者、すなわち障害者は、使用者が都道府県労働局長の許可を受けることを条件として個別に最低賃金の減額が認められている。したがって、労働能力の低い障害者雇用は、最低賃金を下回っても法的には問題はないのである。

生活が不可能な賃金や工賃は問題だが、確かに、働けないよりは、働けた方がいいだろう。そして、日本も含め、世界は障害者雇用を推進している。厚生労働省は、施策紹介として「障害者等が希望や能力、適性を十

42　きょうされんは、一九七七年に一六ケ所の共同作業所（障害者のための通所施設）によって結成された。約一八七〇ケ所の会員（加盟事業所）により構成されている。

43　調査期間は、二〇一五年七月〜二〇一六年二月。そして回答数は一万四七四五人。

44　週二〇時間以上三〇時間未満では、身体障害者は一六・四％、知的障害者は三一・四％、精神障害者は三九・七％、発達障害者は三五・一％となっている。週二〇時間未満では、身体障害者は三・四％、知的障害者は三・〇％、精神障害者は一三・〇％、発達障害者は五・一％となっている。

分に活かし、障害の特性等に応じて活躍することが普通の社会、障害者と共に働くことが当たり前の社会を目指し、障害者雇用対策を進めています[45]」とし、既に述べたように、障害者雇用率制度と障害者雇用納付金制度を政策実行している。また、障害者本人に対しては、職業訓練や職業紹介、職場適応援助等の職業リハビリテーションを実施し、雇用対策を進めている。

時代は、福祉から雇用へという大きな流れがある。実際に、厚生労働省は二〇〇七年に『「福祉から雇用へ」推進五か年計画』を策定している。これは少子化による福祉財源の枯渇化に少しでも対応するためという理由も考えられるが、ノーマライゼーションやインクルージョンなどの時代を牽引するイデオロギーが実社会の中で息づいていることにも依っている。

ノーマライゼーションについては、スウェーデンのノーマライゼーションの運動に携わり、理念を整理・成文化し、原理として定義付けたベンクト・ニィリエ（Nirje Bengt）による『ノーマライゼーションの原理――普遍化と社会変革を求めて』によれば、「ノーマライゼーションの原理とは、生活環境や彼らの地域生活が可能な限り通常のものに近いか、あるいは、全く同じようになるように、生活様式や日常生活の状態を全ての知的障害やほかの障害を持っている人々に適した形で、正しく適用することを意味している」（二二頁）。一般的には、日本では一九八一年の国際障害者年をきっかけに認知され始めた。社会的弱者である障害者を、社会から保護・隔離するのではなく、障害者の日常生活を通常の社会環境や生活様式に可能な限り近づけることを目指すものである。また、障害者に自立を促し、社会的価値のある役割を持ち、それを維持・援助することも含まれている。

インクルージョンについては、日本語では「包摂」と訳されることが一般的だが、脇夕希子による「ダイバーシティとインクルージョンの概念的差異の考察」によれば、一九六〇年代のフランスで、貧困救助活動の中で使用され、「社会的排除」の対語として登場したとしている。似たような言葉に、ダイバーシティ（多様性）があるが、組織内において組織内に多様な人材がいる状態がダイバーシティであり、多様な人材が対等に関わりあいながら一体化している状態がインクルージョンであると考えられる。

いずれにしても、少子化による労働力人口を補うために、障害者雇用が担ぎ出されたことも否定できないが、障害者と健常者のバリアフリーにおける暮らしの実現を社会は求めていると考えられる。そこでは、社会政策だけではなく、障害者自身の自立も求められる。労働をするということは、自立した大人の証しであり、社会福祉で守らねばならない障害者は存在するが、働けるのであれば、社会福祉の領域から一歩、歩み出ることが、社会的にも障害者自身の人生にも有意義さをもたらす可能性は高い。

そのようにして、時代は社会福祉から労働・雇用へと促し、障害者は自立の機会を得ていくことになった。日本の雇用政策を改めて振り返ると、就労継続支援A型（雇用型）と就労継続支援B型（非雇用型）が、一般

45　厚生労働省「障害者雇用対策」二〇二〇年　https://www.mhlw.go.jp/stf/seisakunitsuite/bunya/koyou_roudou/koyou/shougaishakoyou/index.html、二〇二〇年九月一五日アクセス

雇用と社会福祉の中間にあたるものであった。そして賃金・工賃収入は、一般雇用、就労継続支援A型（雇用型）、就労継続支援B型（非雇用型）の順番に多いことも明らかである。ただ、千恵蘭が「障害者就労における労働と福祉の融合をめざす一考察」で危惧しているように、日本の一般労働と福祉労働をどう位置付け、方向付けていくのかという課題がある。千は、『雇用か、福祉か』や『福祉から雇用へ』ではなく、『雇用も、福祉も』という制度に転換する」ことを主張している。本書においても、社会福祉の恣意的な縮小には反対であるが、障害者の自立の流れにおける福祉から雇用へは賛成の立場である。問題は、生活できる収入の確保である。

一般雇用において、企業が正社員として障害者を雇うのであれば、社会福祉の問題は縮小され、収入の問題の多くが解消する。そして、日本福祉事業総合研究所の福田が述べるように、可能なら就労継続支援A型（雇用型）ではなくて、一般雇用が望ましいはずである。要は、一般企業が障害者を今以上に正社員として雇用すればいいわけである。ところが、実際はそうなってはいない。これは障害者の労働生産性に関わる問題でもある。次に、障害者の労働生産性を検討する。

障害者の労働生産性

障害者は、一般的に収入が低く[46]、非正規で働いていることが明らかとなっている。特に、就労継続支援B型（非雇用型）に代表される低賃金は、経営者においても問題とされている。その経営者の一人が、ヤマト運輸の創業者の息子で、ヤマト福祉財団理事長の小倉昌男であり、『福祉を変える経営――障害者の月給1万円からの脱出』では、「日本には、福祉的就労もなければ、福祉的経済もありません。なぜならば、日本は市場経済で動いている国だから」（九七頁）と前提した上で、「現在月給一万円しか障害者に払っていない作業所にいきなり一〇万円払え、とは申しません。まず二万円払う、三万円払う」（一八六頁）と経営者に対して踏み出すことを求めている。

社会福祉の世界では、その低賃金・工賃を税金で補う社会システムを政策決定することになるが、企業等の組織は、経営者がその決定を担うことになる。たとえ、人格者である経営者がいるとしても、単に障害者を雇うことは、障害者の生産性が低いために企業にとってマイナスの効果しか生まない可能性がある。寺島彰が「障害者政策研究の現状と今後に関する考察」で述べるように、「障害者の生産性を高めずに雇用を促進するとすれば、それは、企業に負荷をかけるだけで、所有移転の方法として企業を活用しているに過ぎない」のであり、そのような経営者が増えれば、障害者雇用は一時的には増えるが、継続しないだろう。継続するには、儲ける企業体質を保つ必要がある。日本に一割弱の障害者がいるわけで、障害者雇用をしつつ、儲ける企業体質にすることは、どのように可能なのだろうか。まずは、障害者雇用をコストセンター（収益は集計されない部門）

46 Malo and Pagan (2012) では、欧州共同体家計パネル（一九九五～二〇〇一年）の欧州一一ケ国のデータを用いて、障害者に対する賃金差別を測定し、賃金の差がある場合には、賃金差別ではなく、主に生産性の低さに関係していた。

ではなく、プロフィットセンター（収益とコストが集計される部門）に転換していくために、障害者の生産性を上げる必要があるだろう。そもそも生産性とは何であろうか。

生産性は、経済学の用語であり、基本的には、投入資源と産出の比率のことを指す。つまり、生産性＝産出（Output）／投入（Input）となり、投入資源以上に産出が高ければ生産性は高いことになる。この投資資源には、カネ（資金）・ヒト（労働力）・モノ（原材料や設備）が含まれているため、ヒト（労働力）に限れば、労働の成果（産出）を労働量（投入量）で割れば、労働生産性が明示されることになる。労働生産性は、労働者一人当たりが生み出す成果、あるいは労働者が一時間で生み出す成果の指標となる。

第一章で触れたように、労働生産性の向上には、ウエスタンエレクトリック社のホーソン工場の実験で証明されたように、モチベーションを高めることも関係している。そのためには、ＱＯＬやＱＷＬ、およびディーセント・ワークの考え方を取り入れることも有効である。ＱＯＬとは、クオリティ・オブ・ライフのことであり、生活の質を高め、労働に対し意欲が湧くようにしていくことで、ＱＷＬとは、クオリティ・オブ・ワーキングライフのことであり、職場における勤労生活の質およびその向上に資する取り組みのことを指す。中尾文香は「就労継続支援Ｂ型事業所における知的障害者の Quality of Working Life（ＱＷＬ）のあり方について——混合研究法による考察——」において、ＱＷＬ概念の導入が、ＱＯＬに繋がると結論付けている。

そして、ＱＷＬの新しい形態として、ディーセント・ワークという言葉が登場し、その意味は、働きがいのある人間らしい仕事である。ＩＬＯは、ディーセント・ワークは一九九九年の第八七回ＩＬＯ総会に提出されたファン・ソマビア事務局長の報告において初めて用いられたとしており、「全ての人にディーセント・ワーク——Decent Work for All——」の実現を目指して活動を展開している。そして、以下のようにホームページで説明している。「ディーセント・ワークとは、権利が保障され、十分な収入を生み出し、適切な社会的保護が与えられる生産的な仕事を意味します。それはまた、全ての人が収入を得るのに十分な仕事があること」。まさに、障害者が求める概念であると考えられる。

モチベーション以外では、労働生産性を上げるためには、労働者のスキルアップや業務改善等による、作業効率のアップによって可能である。労働生産性は、物的労働生産性と付加価値労働生産性があり、前者は生産量÷労働量で、後者は付加価値（≒粗利）÷労働量で計算できる。障害者は三種類いるが、それに適した仕事以外[47]は、一般的に健常者の労働量には及ばないだろう。そうであれば、付加価値を上げる以外にはない。付加価値を上げるためには、消費者が求める商品・サービスを、競合他社以上に優位な差別化をする必要があるが、それは健常者と同じ土俵で戦うことになり、レッドオーシャン（競争が激しい市場）に突入することを意味する。そうではなく、ブルーオーシャン（バリューイノベーション）でビジネスをするためには、障害者の強み（コアコンピタンス）を生かすことが求められる。

47　マニュアルワーカー（単純作業労働者）とナレッジワーカー（知識資産労働者）があり、知的障害者の中には、集中力が高く継続的に作業に取り組むマニュアルワーカーに、健常者以上に適することがある。

障害者の強み（コアコンピタンス）で考えられるのは、以下の三つである。①障害者市場というニッチを狙った商品・サービスを展開する。②障害者ならではの視点を生かし、健常者にも求められる商品・サービスを展開する。③障害者にしかできない商品・サービスを展開する。①と②の視点に関しては、次章以降の障害者の起業において具体例は明示されるが、③に関しては具体例を挙げることは難しい。むしろ障害者・健常者を問わず、その人独自のビジネス展開を意味すると考えられる。

儲ける（マネタイズ）は、江戸時代の紀伊國屋文左衛門が、江戸においては「みかん」が高く売れ、遠い場所の紀州では安く手に入ることに目を付け、船で往復し大金を手にしたように、時短（時間のかかるものを短縮する）、安く（高い物を安くする）などの要素を組み合わせて、ビジネスを構築していくことになる。

ところが、就労継続支援A型（雇用型）および就労継続支援B型（非雇用型）のビジネス内容は、儲けるという基軸を持つことには困難さが付きまとう。なぜなら社会福祉の要素があり、障害者を雇用することそのものに重点が置かれているので、通常の経営の感覚は持ちえない場合もあることが想像できる。

株式会社インサイトによる「就労継続支援A型就労継続事業所の経営改善に関する調査研究」は、三六六一件のA型事業所にアンケート配布し、六三二件から回答を得ている。A型事業所のほぼすべてにアンケートを配布し、四分の一の回答を得ているわけであるが、A型事業所の全体像を把握するには、最適な調査であろう。この調査によると、A型事業所を運営する主体は、株式会社が四一％ほど、社会福祉法人が二三％ほど、NPO法人が一五％ほどであった。A型事業所単独で運営するのは、六八％ほどで、残りの多機能型のうち七割以上は、B型事業所も運営している。そして、身体障害者が一七%ほど、知的障害者が三五%ほど、精神障害者が三八%ほどであり、四〇代が最も多く、二六%ほどを占め、二〇代・三〇代・五〇代は二〇%前後、一〇代・六〇代は一〇%未満の構成である。一週間の労働時間は、雇用義務である二〇〜二九時間が全体の六割以上を占め、社会保険の対象となる三〇時間以上は二割程度である。そして、就労支援事業の収支については、賃金を上回る生産活動収支は二割強となっており、八割弱は賃金以下の生産活動収支となっている。

生産活動について、就労会計の売上が多いのは、清掃が圧倒的で一四〇事業所を超えている。その他、PC関連（入力・WEB管理等）が六〇事業所ほど、袋詰め作業が五〇事業所ほど、部品加工・組み立てが五〇事業所ほど、クリーニング・洗濯が四〇事業所ほど、農業（野菜・果物）が四〇事業所ほど、弁当・惣菜が四〇事業所ほどとなっている。これらの事業に対して、損益分岐点を超える売上高を算出しているのは、半分以下であり、部門・作業別に算出している事業所は一五%に過ぎない。

生産活動において、自主製品については弁当・惣菜とパン系が賃金以上に収益を確保している。役務提供については清掃に加えて、クリーニング・洗濯も賃金以上に収益を確保している。しかし、袋詰め作業等の軽作業や、農業などはなかなか収益の確保が難しい。ここからいえることは、軽作業等、労働集約的な労働は、グローバル化による賃金単価の低下の影響もあるが、障害者雇用として収益を出しにくい。ところが、食に関する商品提供や、清掃等の労働業務は健常者のビジネスとしても成り立っており、障害者であっても価格優位性を保ちやすい。

一方、就労継続支援B型（非雇用型）については、一万以上の事業所があり、全体の把握は難しいが、特定非営利活動法人全国就業支援ネットワークによる「就業継続支援A型・B型の賃金・工賃の向上に関するモデル事例収集と成功要因の分析に係る調査研究」では、一〇五八のB型事業所にアンケート配布し、二九一件から回答を得ている。この調査によると、B型事業所を運営する主体は社会福祉法人が六七％ほど、NPOが二六％ほど、営利法人が四％ほどであった。B型事業所単独で運営するのは、四五％ほどで、残りの多機能型のうち一五％ほどは、A型事業所も運営している。そして障害種別は、身体障害者が二一％ほど、知的障害者が三七％ほど、精神障害者が二一％ほどである。その生産活動内容は、清掃・施設管理が最も多く、次いで農作業、菓子製造、部品・機械組み立て、パン製造となっている。収益については項目がない。

このアンケートを見る限り、就労継続支援A型（雇用型）も就労継続支援B型（非雇用型）も生産活動内容に大きな差はない。そして、就労継続支援B型（非雇用型）における事例研究を鑑みても、遠山真世は「障害者就労継続支援B型事業所における就労支援の現状と課題（1）Z県内3事業所の質的調査から」において、三つの事業所について「いずれの事業所でも、利用者への支援と仕事の遂行とのバランスをとることが難しいと考えられ」、「B型事業所が仕事を確保・拡大するためには企業等と競争しなければならないが、利用者・職員の状況や知識・技術の面でB型事業所は不利な立場にある」としている。また、大谷久美子は、「就労継続支援B型事業所における利用者工賃と事業所経営に関する考察」において、黒字経営を実現している事業所は、経営学では定番の「SWOT分析」「アンゾフの成長マトリクス」「コトラーの4つの競争地位分類」などの考え方を導入することによって「整理・分析し、活動展開を考え、利用者・職員間で共有認識を持つことが実現」されていたとしている。

両事業所は、障害者雇用という社会的使命を帯びてはいるが、慈善事業ではなく、社会福祉の力を借りながらも、実質は利益を出さなければ継続は難しい組織体である。経営学の理論や科学的インプリケーションを参照しつつ、戦略を練り、組織的な能力（ケイパビリティ）を高めていかなくてはならない。その意味では、産業別の労働生産性を把握し、立ち位置（ポジショニング）をしっかりさせることも重要である。

内閣府による「国民経済計算」によれば、日本の第一次産業である農林水産業や鉱業は、一九六〇年代より急速に縮小し、第二次産業である工業も徐々にシェアを縮小していることが分かっている。代わって増えているのは、第三次産業であるサービス業であり、雇用者数も増えている。まさにペティ・クラークの法則のように、産業は高次元化してきた。

さて、一人の作業者が一時間にこなす仕事量を表す単位をマンアワーというが、マンアワーの労働生産性を成長会計（全要素生産性：ＴＦＰ――total factor productivity）によって明らかにする手法がある。この手法は、経済成長の要因を資本・労働という二種類の投入要素の増大、および技術進歩の三つに分解して分析する手法であり、厚生労働省の「労働経済の分析」における「第三節生産性向上に向けた我が国の課題」によれば、マンアワーベースの労働生産性を水準比較した結果、日本はＯＥＣＤ諸国の平均を下回っていることが明らかとなった。そして、アメリカと比較して、非製造業を中心に労働生産性が低くなっている。特に、就業者数の多い卸売・小売業、飲食・宿泊業は半分以下である。これらは労働集約型産業であり、活用する人材の数が多いこともあり、一人当たりの労働生産性が影響しているためである。また、製造業も中国・韓国をはじめアジア各国との競争が激しく、労働生産性は落ち込んでいる。

それに対して、アメリカは第三次産業でも、ＩＴ関係が労働生産性への寄与度が大きく、それは第一章で触れたようにＧＡＦＡに代表される企業がＧＤＰを押し上げている。ところが、日本がＩＴ導入を遅らせている原因として、厚生労働省は「企業においては現場レベルのコスト削減に関連したＩＴ導入効果は確認されるものの、上層部の意思決定など経営面や新規開拓などの価値創造の場面で他国よりもＩＴ導入効果に見劣りがみられる」とし、産業構造の転換もだが、経営者が有効的にＩＴを用いる必要性を述べている。

これは、就労継続支援Ａ型（雇用型）や就労継続支援Ｂ型（非雇用型）についても相当することで、より労働生産性を高められやすい産業へのシフトと、経営のＩＴを用いた合理化と有効化を図るべきだと考えられる。一九九〇年代後半より非正規社員が増加し、また外国人労働者が大量に入ってきたこともあって、労働者の賃金は上がらない傾向がある。しかし、障害者の賃金や工賃は元々安いために、そのことで競争力を削がれる傾向は少ないといえる。やはり、障害者の賃金や工賃を上げるためには、経営者が考えを洗練させ、その責任を重く受け止める必要がある。

もしかすると、事業所の経営者は、社会福祉ゆえに税金が投入されている面もあり、厳しい社会情勢に立ち向かっていない可能性もある。ちなみに、就労継続支援Ａ型（雇用型）について雇用者数が二〇人以下の場合、五八四単位／日となり[48]、だいたい障害者一人一日当たり六〇〇〇円となる。もちろん、これは賃金に充てることはできず、事業所の運営に回される。そして規模によって多少単価は変化し[49]、その他、就労移行支援体制加算・施設外就労加算・重度者支援体制加算・福祉専門職員配置等加算などが追加される。

一方、就労継続支援B型（非雇用型）についても雇用者数が二〇人以下の場合、五八四単位／日となり[50]、A型と同じように規模によって単価は変化するが、だいたい障害者一人一日当たり六〇〇〇円となる。その他、就労移行支援体制加算・施設外就労加算・重度者支援体制加算・食事提供体制加算・送迎加算・訪問加算などが追加される。このように、就労継続支援A型（雇用型）や就労継続支援B型（非雇用型）は、顧客からのみの収益ではなく、障害者を抱えてさえいれば、国からの収入が確保でき、労働生産性を追求するよりは、障害者を確保し、辞めさせないことに経営の根幹があるのかもしれない。もしそうであるとしたら、障害者はその組織にとって、お客であり、従業員としてのチームの一員ではない。事業所に集まり、共同作業をすることを通じての有意義な時間の共有はあるだろうが、お客である限り、その労働を通じての成長は見込めない。金銭的なことに限定すれば、就労継続支援B型（非雇用型）に使われる税金を、直接、障害者に配った方が、障害

48　職業指導員および生活支援員の総数が常勤換算方法で変わってくる。
49　二一人以上四〇人以下は五一九単位／日、四一人以上六〇人以下は四八七単位／日、六一人以上八〇人以下は四七八単位／日、八一人以上は四六二単位／日となる（本書掲載時）。
50　職業指導員および生活支援員の総数が常勤換算方法で変わってくる。

者の収入は増える可能性もある。就労継続支援B型（非雇用型）は、一体誰のための組織なのかを問う余地がある。

ところで、障害者を雇うことは、金銭的には労働生産性の問題でメリットが少ないかもしれないが、その他の効果を生む可能性がある。その問題を次に取り上げる。

障害者を雇う効果

経営者が障害者を雇う理由は、社会福祉における雇用政策による金銭的メリットや、障害者雇用率（法定雇用率）による義務だけではない。まずは、障害者を雇う組織的効果に関する先行研究があるので紹介する。

社会福祉学と経営学を専攻する影山摩子弥は『なぜ障がい者を雇う中小企業は業績を上げ続けるのか？』において、アンケート調査を実施し、三一社・千名以上の社員から有効回答を得て、障害者雇用の効果を検証した。その結果、「障がい者の能力が発揮されている職場では、健常者社員の精神健康度も仕事満足も高くなる」（一二〇頁）と結論付けている。ここでいう能力の発揮とは、障害者との接触によって、健常者に障害者が認識され、同時に障害者の能力も認識されることをもって能力の発揮と解釈している。会社の業績との関係においては、障害者雇用は、社内改善力として弱いながらも相関関係があり効果があるとしている。

また、影山は「障がい者雇用の『組織内マクロ労働生産性』改善効果」において、障害者雇用を「組織内のミクロ労働生産性」と「組織内のマクロ生産性」に分けて論じている。「組織内のミクロ労働生産性」とは、第二次産業で見られる通常の作業における労働生産性であり、これは健常者と比べて障害者雇用は分が悪い。ところが、「組織内のミクロ労働生産性」はチームワークにおける従業員の相互作用による労働生産性を扱うものである。後者について、影山は一七社・有効数九六二人の健常者を対象に、インターネットアンケート調査をおこなった。その統計分析の結果、先の調査と同様、「障がい者は単体では生産性が低いとしても、健常者社員に正の効果を与えることによって、社内全体の生産性（組織内マクロ労働生産性）を高める効果を持つ」としている。そして、「このような効果は、障がい者との接触によって気づかれる」としている。影山の二つの調査は、企業業績ではなく、健常者の主観によって効果を認知しているが、健常者が障害者雇用に好意的であることは、障害者雇用の拡大にとって欠かせない条件の一つであろう。

一般的な労働において、障害者はパフォーマンスが低いとみられがちであるが、企業業績に貢献していることを健常者が認知する機会を得ることにより、健常者のモチベーションを高める働きがあり、それが全体的な業績の向上に寄与することは十分に考えられる。稚拙な例だが、小学校で運動会を開催する際に、クラスで最も足の遅いと皆から認知されている者が果敢に毎日練習する姿を見るのであれば、クラスの多くの者が感化され、運動会全体のパフォーマンス向上に貢献するであろう。

その効果は、狩俣正雄が手掛けた五〇〇社ほどの郵送アンケートによっても明らかである。狩俣の『障害者雇用と企業経営──共生社会に向けたスピリチュアル経営』によれば、「障害者を雇用することの利点は何か」

という質問に対し、最も多かった二回答は、「社員が障害者に配慮するようになり、相互に助け合う仕組みができた」と「障害者の仕事に取り組む姿勢が他の社員の労働意欲の向上につながった」というものであった。障害者という異質の存在が、健常者にプラスの効果をもたらすことは十分考えられる。

法定雇用率ゆえの義務感だけではない企業、また障害者をお荷物扱いしない職場は、人材活用における経営面が優れている可能性があり、職場の前向きな雰囲気と合わせて、企業業績が優れている可能性が高い。そういった職場は、障害者・健常者とも、働く上において精神的健康度も高いことが想像できる。要は、障害者雇用は経営の試金石であり、障害者を生かせない経営者は反省すべきだともいえる[51]。

ところが、経営者側において、障害者雇用は倒産原因の一つであるという考えもある。実業家であり、会計学者でもある青山英男は「『障害者雇用コスト』考——営利企業の障害者雇用と倒産リスク」において、倒産の五原因を挙げている。それは「経営管理能力の不足」「売上の不振」「資産管理の失敗」「経常的なコスト負担」「開業時の資本不足」であり、四番目の「経常的なコスト負担」こそ、障害者雇用と関係し、倒産の危機に直面する危険性を孕んでいると述べている。問題は、健常者を雇用する場合と比べて、障害者を雇用する場合のコストである。これについて青山は、財務というフィルターを通すと、五つの問題があると述べている。それは「受注量の制約」「直接作業能力維持のための間接労働者数の増加」「福利厚生施設の投資増」「直接ラインである工場設備あるいは建物の増」「人員増（作業補助や管理）」である。

青山は健常者だけの企業と比較して、障害者雇用をしている企業は、旅費勘定で七%、給料勘定で九・二%、福利厚生費勘定で一二・五％、水道光熱費勘定で九％、租税公課で一・七％、教育関連費で六〇％、材料費仕損関係で一六％、運搬費で七％余分にかかっていることを述べている。このように、社会貢献、ＣＳＲ（企業の社会的責任）やＣＳＶ（共有価値創造）といっても、それは森全体の話であって、一本一本の木々である企業は、障害者雇用にはこういった現実が横たわっている。それゆえ、法定雇用率を引き上げようとも、障害者雇用納付金制度による納付とトレードオフの関係と捉える企業が存在することになる。つまり、障害者雇用のコストを取るか、納付金を払うかという選択を企業はすることになる。これでは障害者は企業にとってお荷物以外の何物でもなく、社会福祉を代替えさせられている義務感でしか障害者雇用はあり得なくなってしまう。しかし、実際の障害者雇用は、コストでしかないのか、それともコストを補って余りあるものなのであろうか。

経済学者の長江亮は、「障害者雇用と生産性」において、東京に本社があり、二〇〇三年から二〇一〇年まで継続している上場企業について、障害者雇用の法定雇用率達成企業とそうではない企業との統計分析をおこなった。その結果は、「法定雇用率を達成した企業が未達成となった企業と比較して相対的にパフォーマンスが悪いことが明らかとなった」。ただ、このサンプルにおける障害者雇用は二％ほどなので、障害者雇用が原因で業績が悪かったかどうかは検証の余地がある。しかし、大企業にとって、社会的イメージは大事なので、業績

51　江本純子は「システムとしての『職場』における障害者雇用の効用――生涯を通じたディーセントワークの実現」において、「障害者雇用の究極の目的は、単なる障害者の労働権保障、雇用に限定されない。その先にある社会のありよう、共生社会の実現にある」と述べている。

を多少犠牲にしても法定雇用率を守ろうとすることは首肯できる[52]。

実際、金紋廷は「企業の障害者雇用実態と課題に関する研究：～企業の障害者雇用実態調査を中心に～」において、一〇〇〇社（有効回答は一二二社）を超える企業を郵送調査して、障害者雇用の動機の半数以上は、「法定雇用率を達成するため」であり、次いで「社会的な責任を遂行するために」であった。そしてこの調査では、企業の八割以上が、「障害者の職場適応」について懸念し、それ以外に「障害者に対する健常者労働者の納得」や「障害者の労働意欲・作業態度」についても懸念があると答えている。これらの企業がどの程度、障害者雇用をおこなっているかは分からないが、漠然とした不安から、実態に即した懸念まで千差万別であろう。しかし、八割方が障害者に対し不安や懸念を示していることに、障害者雇用の障壁は確かに存在するといえる。先行研究が示しているのは、障害者が仕事をがんばり、健常者に認知されれば、企業業績や社内改善に寄与する可能性があるということであり、実際の企業業績でプラスの効果があると示されたわけではない。そして、経営陣は法令順守（コンプライアンス）と社会貢献という社会的要請に応えるために障害者を雇用するが、不安や懸念は山積しているのが現実である。結局、企業業績でプラスの効果があるとされない限り、本当の意味での障害者雇用は促進されないであろう。そのような障害者雇用は、社会福祉の領域を超えることがない社会的行為であり、障害者雇用の継続は、社会貢献という社会的観念の高まりと、障害者雇用納付金制度がいつまで続くのかに依存している。まさに、アメ（社会的称賛ないし批判回避）とムチ（納付金）によるのであり、障害者雇用は企業活動において、本質的な営利活動に貢献するわけではない可能性が高い。これでは、障害者は自立的に働くことは難しく、手にする収入を一〇〇%自由に気兼ねなく使うことに躊躇することに繋がっていく。これは健常者が働くこととの差異を意味しており、すべての障害者が健全な労働をしているとはいいがたい。健全な労働とは、賃金分を超えて適切な範囲で働き、そのことによって社会や企業に貢献することである。

次項以降は、障害者雇用に積極的な企業を取り上げる。まずは、愛知県を中心に障害者雇用で有名な「わっぱの会」を取り上げ、その財務状況から経営を分析する。

障害者雇用は儲かるのか

障害者雇用に積極的な企業の一つを取り上げ、その財務状況から、障害者雇用は儲かるのか否かを検証する。取り上げるのは、共同作業所である「わっぱの会」だが、パンの製造・直販をおこなっており、この章で見てきたように、収益が出しやすい業態なのではないかと考えた。また、財務状況がNPO法人ゆえに一般公開されていることからも選定した[53]。

52 長江は「障害者雇用と企業業績」で、上場企業（東京と大阪労働局が管轄する二〇〇三年から二〇〇六年までの銀行業を除く）に対し、障害者雇用と企業業績の関係の統計分析において、多くの企業では、「経営者の意思で、利潤を犠牲にして法定雇用率を達成している」としている。

わっぱの会の始まりは、一九七一年に名古屋市昭和区で障害者一人と健常者二人が一緒に暮らしたことによる。わっぱの会オフィシャルサイトによれば、「障害者隔離を差別としてたたかい、障害のあるなしの隔たりを越えた共同体を建設するという理想を掲げ、若い障害者一人と健常者二人が一緒に暮らし始めたのが、『わっぱの会』のはじまり」とされている。そして、『わっぱ』の名は『輪っぱ』、子どもを表す『小童(こわっぱ)』に由来」するとしている。

その歴史は、一九七三年にわっぱの会として発足し、一九七七年に共同作業所を開所させた。共同作業所とは福祉作業所であり、現在では就労継続支援A型・B型に移行しているところが多い。その後、一九八四年にパンづくりを開始し、一九八五年にパンの製造・直販「ベーカリーハウスわっぱん」を開く。そして、一九八七年には社会福祉法人「共生福祉会」を設立し、一九九〇年には「わっぱ企業組合」を発足させ、二〇〇四年にはNPO法人格を取得する。

事業は、パンの製造・直販、資源循環、農産物加工の三つの分野でおこなわれており、共働事業所は六ケ所、就労援助は四ケ所、生活援助は六ケ所、共同生活体は一五ケ所、さらに「ソーネおおぞね」というパン直販やカフェを兼ねたコミュニティスペースを二〇一八年に名古屋市北区に開いた。

わっぱの会では、障害者も健常者も会員として雇用契約を結んでおり、会員は活動に月額一〇〇〇円を支払う必要がある。わっぱの会を構成する人数は、内閣府NPOサイトによる事業報告書から推察すると、正会員による受取会費は三〇三万円であることからして、三〇〇〇人を超える規模であることが想定できる。もちろんこれは実稼働人数を意味しない。では実数は何人ほどであろうか。

厚生労働省への報告（ＮＰＯ法人人材開発機構による「新しい障害者の就業のあり方としてのソーシャルファームについての研究調査」）において、斎藤縣三理事長はわっぱの会全体で一八〇名であると述べている。また、パン製造・直販については、定員三〇名で障害者が四〇名ほど、健常者が一三名ほど働いていると述べている。そのようにわっぱの会は、障害者と健常者が混在して労働しており、それは発足当初の形でもあった。

そして一般の福祉施設とは異なり、利用者（障害者）と職員（健常者）の関係の不平等を解消するため、わっぱの会では各事業所において利用者・職員という用語は使用しない。つまり障害者と健常者は共働・共生の関係であって、上下関係はないとするものである。しかし事業運営については、重度障害者を擁していることもあり、健常者が主導せざるを得ない場面がある。株式会社政策基礎研究所の研究員で、福祉社会学者の伊藤綾香は、「障害者運動における障害者と健常者の連帯的活動の展開：一九七〇年代の『わっぱの会』の活動を事例に」において、そこには、権力関係をめぐる葛藤があり、障害者側は差別を受けていると認識する報告もなされている。組織の権力構造については、利用者（障害者）と職員（健常者）をめぐる問題で、それは能力障害（ディスアビリティ）が絡む複雑なものである。しかし、伊藤が「知的障害者就労支援施設間での『支援』の多

53　詳しくは、筆者と鄭南による共同調査の結果である以下を参照できる。「日本残障者就业现状及相关社会政策支持研究」『社会政策研究』１９（０２）、六六～七八頁、二〇二〇年。

様性——異なる障害者運動をルーツに持つ三団体の比較から——」において述べているように、職員が障害者を支援するという社会福祉的な構造ではなく、わっぱの会におけるパンの製造・直販部門は、営利活動における関係であるから、基本的な社会福祉の枠組みから外れているとする考えもある。

さて、わっぱの会全体の事業性ないし収益性に焦点を当てる。二〇一八年度の事業報告書によれば、一年間の経常収益は一億一〇〇〇万円ほどであり、当期経常増減額つまり当期純利益はマイナス一七〇〇万円ほどである。支出のうち多くを占めるのは人件費で、七〇〇〇万円ほどである。わっぱの会はＮＰＯ法人であり、純粋な営利団体ではないといえるが、赤字を続ければ継続は困難である。

経常収益の内訳は、受取助成金が五〇〇〇万円ほどで、事業収益が四七〇〇万円であり、助成金が事業収益に比べわずかに多いものの、わっぱの会は事業者としても相当の収益を上げている。収入を見ると、助成金として訓練給付費、補助金、名古屋市補助金という項目があるものの、そのどの項目よりも収入として高額で、しかも事業の中でも突出しているのは、パンの製造・直販であり、三四〇〇万円ほどである。これはコストを除き、人件費を含めない利益であると考えられる[54]。すなわち、わっぱの会の事業性の核心は、パンの製造・直販であるといえよう。

本題の賃金の話の前に、わっぱの会がパンの製造・直販に至った理由を述べておく。

日本は一九八〇年代に経済発展の代償として、各地で深刻な環境汚染が発生した。このような背景の下、わっぱの会は無添加の日本製小麦を使ってパン作りを始め、地域の消費者の支持を得た。しかも障害者と健常者が一緒に働けるようにするために、工場は機械や設備を使わず、手作りでおこなうため、労働者比率が一般のパン製造会社よりも多い。すなわち、それは人件費の占める割合が増えることを意味し、パンの直販価格を高くするか、人件費を抑えるか、もしくは両方の経営的選択が求められる。パンの直販価格を高くするためには、パンの付加価値を高め、市場の価格より高くても購入選択される可能性を高めなくてはならない。そのために障害者と健常者の会議において合議し、無添加パンと国産小麦を使用する他、化学肥料や農薬を使わない野菜栽培にも力を入れ、それを用いた惣菜パンの製造・直販をおこなっている。その流れで、一九九三年には、愛知県知多半島で有機農業を開始した。

なぜパンの製造・直販なのかについては、斎藤縣三理事長自らが、「わっぱの会――社会的事業所をめざし」の中で、「販売の容易さ」が理由と述べており、当時、構成員の一人が、他店である無添加パン店への半年間の修行を経て開始している。わっぱの会のパンは、「ソーネおおぞね」をはじめとする店でも購入可能だし、事業所に近い名古屋市東区のＪＲ大曽根駅でも路上直販されている。

わっぱの会のパン製造・直販部門は、就労継続支援Ａ型に指定されている。当然ながら、賃金は契約によっ

54　ＮＰＯ法人の財務諸表では、経常収益という概念が用いられる。これは企業でいう経常利益とは異なり、経常収益には受取会費や受取助成金などが含まれる。逆に、経常費用には、人件費や交通費・水道光熱費などが含まれる。ＮＰＯ法人は、利益の分配が禁止されているために、人件費を装った実質的な利益の分配を防ぐという趣旨から、人件費の金額を明示している。したがって、人件費をコストとして経常収益と関係させることはしないと考えられる。

て決まっており、障害者労働研究会の「二一世紀における障害者の就労と生活のあり方とその環境条件に関する総合的調査」によれば、わっぱの会の障害者の平均賃金は七万円ほどに対し、健常者の平均は一七万円ほどである。

一見、障害者と健常者の賃金に差があると考えられがちだが、その差は、障害者が障害年金等を受け取っている場合があり、その場合はそれを差し引くことによって健常者と収入が平等になるようにしているためである。その制度を伊藤による『わっぱの会』における対抗文化的手法の変遷」によれば「分配金制度」と呼び、障害の有無や生産の寄与度に関わりなく、同一賃金が支給される仕組みである[55]。それゆえに愛知県による「就労継続支援A型事業所の平均工賃額一覧」では、平均賃金は一四万円ほどとなっている。

米澤旦の「障害者と一般就労者が共に働く『社会的事業所』の意義と課題――共同連を事例として」によれば、わっぱの会の運営は事業ごとに任され、その中で障害者と健常者が会議によって合議している。この基本給が確実に支給されるためには、その事業がそれに見合った収益を確保できていなくてはならない。それは助成金の助けはあるが、それを含めて経常収支を赤字にしないことが求められる。

パンの製造・直販については、NPO法人人材開発機構による「新しい障害者の就業のあり方としてのソーシャルファームについての研究調査」において、斎藤縣三理事長により、日商は三〇万円ほどで、年商七〇〇〇万円ほどであるとしている。そしてこの部門では定員三〇名（実働は四〇名でワークシェアリングしていると考えられる）が働き、月に一人約一四万円得るとしたら、人件費は年間五〇〇〇万円強が必要で、年間三四〇〇万円ほどの利益を超えて、赤字となる。この計算でいけば、一人当たり月八万五〇〇〇円を支給するのが限界であろう。黒字にするためには、障害年金を受給している障害者の比率を高める他なく、結局、パン製造・直販という営利事業は競争力がなく、社会福祉に依存することになる。

これは成功していると考えられるわっぱの会のパン製造・直販においても、人件費が肥大化し、黒字運営をすることが困難であることを示している[56]。この解決法の一つに、手作りを優先する製造から、機械や設備を増設することへと経営が傾きがちだが、障害者雇用を優先すれば、この解決法はなかなか取り得ないだろう。

また、わっぱの会は、就労継続支援B型の共同事業所も有している。それは、愛知県武豊町にある知多共働事業所であり、定員二〇名で農作業、農産物の加工作業、ジャム・漬物・トマトソースの製造販売、小麦の製粉作業等をおこなっている。先述したように、わっぱの会の運営は事業ごとに異なり、賃金も異なる場合がある。一般社団法人シシンによる「障害者就労支援情報」によれば、知多共働事業所の工賃は、月額平均三万円弱であり、B型の平均は超えているもののやはり低いと考えられる。

ところで、わっぱの会の斎藤縣三理事長は、NPO法人共同連[57]の事務局長も務め、「社会的事業所促進法」

55　基本給十二万円ほどに加え、生活加算金が付与される。例えば、独立した生計を営んでいれば三万円加算、住居を借りていれば三万円加算など。

56　年度ごとに数字は異なるが、内閣府に提出された事業報告書を基準にしている。

57　一九八四年一〇月に「差別とたたかう共同体全国連合」（共同連）が設立された。社会的・経済的自立のための共働事業所づくりを進めている。

の制定[58]を求めている。社会的事業所とは、障害者[59]の割合が三〇%以上で、参画者全員が対等な組合員である事業所を指す。この法律の目的は、NPO法人共同連のホームページによれば、「就労が困難な状態に置かれる者に対して労働の機会を与え、就労が困難でない者と共に働き、かつ、対等に事業を運営することができるようにし、もって労働を通じた社会的包摂を達成すること」としている。これは、「わっぱの会方式」の社会的認知と普及を目指していると考えられる。「わっぱ会方式」とは、斎藤理事長による「わっぱの会――社会的事業所をめざし」の中では、「一般雇用と福祉雇用の二極に対して、第三の道を提案することに他ならない」と説明されている。これは障害者が社会福祉に支えられながらも、一般雇用により近い雇用形態を社会にもたらそうとする動きであろう。

このように実現したい理想の形はあるが、現状はその途上である。わっぱの会内においても、A型は生活できる給料を期待できるが、B型では期待できないのも現実である。そうなると、障害年金と公的扶助に依存する他はない。しかし、先進国は少子高齢化の流れで、社会福祉予算が減少傾向となる可能性がある。健常者を含めて雇用に求める多くは、賃金の獲得であり、それにより経済的自立がもたらされる。賃金である以上、事業の収益性に左右されることは否めない。

障害者から社会福祉を完全に切り離すことは難しいが、障害者が活躍する企業も存在する。次項では、障害者を戦力とする企業を取り上げる。

障害者を戦力とする企業

社会福祉に依らない障害者雇用は、一般企業において活用されることになる。研究者の間やマスコミにおいて、有名になった企業を挙げるだけで数十社ある。

数社の例えを挙げれば、一九八六年に弁当専門店バニーを開店した株式会社バニーフーズは二〇〇三年に障害者雇用を始め、一九九三年に肢体不自由の社員一六名でスタートしたダイキン工業の子会社である株式会社ダイキンサンライズ摂津、二〇〇六年から甲斐電波サービス株式会社は知的障害者を雇用し、二〇〇八年に設立されたリベラル株式会社（特例子会社）は二〇一四年に精神障害者（クラフトマンを養成）を雇用し始め、二〇一〇年に株式会社リンクライン（特例子会社）は障害者と共に石けん作りを始めたなど、その数は一九六〇年に制定された身体障害者雇用促進法以来、法定雇用率の認知と浸透にしたがい増えている。

東洋経済「CSR企業総覧（雇用・人材活用編）」では、障害者雇用率が高い企業をランキング形式で紹介している。それによると、一位は障害者に特化した就職・転職サービスを展開するゼネラルパートナーズであり、障害者雇用率は二〇％（四八人）である。二位は食品トレー・弁当・惣菜容器を手掛けるエフピコで、雇用率

58　共同提案団体として以下がある。NPO法人共同連、NPOホームレス支援全国ネットワーク、日本労働者協同組合連合会、ワーカーズ・コレクティブ・ネットワーク・ジャパン、NPOジャパンマック、日本ダルク本部。

59　NPO法人共同連によれば、障害者のみならず、薬物・アルコール依存・刑余者や家庭環境に問題がある未成年などの社会的なハンディを持つ者も対象とする。

は一三％（三七七人）である。三位はエンターテインメント業界のエイベックスで、雇用率は七％（二一人）である。四位は工場用の搬送機器メーカーのキトーで六％（三四人）である。五位はユニクロ・ジーユーを展開するファーストリテイリングで五％（九一七人）である。

このように五％を超えれば、トップテンに入れるようだ。それも会社の規模はあまり関係ない。ランキングの条件は、対象を二〇一七年度に東洋経済社に対し、障害者雇用率の回答があった企業のうち、三人以上障害者を雇用している企業としている。法定雇用率を達成している企業が半分以下の中、各社が障害者を雇用し、最低賃金以上を支払う企業が増え、その取り組みが共有されていることに変化を感じる。

しかし、ランキングにはないが、第二章で扱った日本理化学工業の障害者雇用率は七〇％（六三人）と突出している。もちろん、最低賃金以上を支払う、就労継続支援A型事業所ではない一般企業である。そして、その障害者採用の特徴が知的障害者である。知的障害者は、マニュアルワーカー（単純作業労働者）として、集中力が高く継続的に作業に取り組むことに適する傾向があることは既に述べた。日本理化学工業に最初にトライアル雇用をおこなった障害者が知的障害者であったことは、この企業の従業員として他の障害者以上に調和していた。けれども最初は、健常者に比べ作業能率性が悪く、たった二週間のトライアル雇用では、知的障害者ならではの良さが十分に発揮できなかったであろう。

その中で、この知的障害者の二人は、施設での生活よりも働くことができる日本理化学工業に留まるべく二週間努力を続けた。その後、健常者の従業員が二人の努力と可能性を認め、職場に留まるよう経営者である大山泰弘に進言する。この展開であれば、日本理化学工業は少数の障害者を抱え、主力は健常者に機軸を置く企業で留まる存在であったろう。

その後、健常者の最初の厚意は次第に職場の中で薄れ、健常者と障害者との間に軋轢が生じる。それは、健常者側にとっての不公平ということで表出する。障害者が健常者に比べて給料が安いなら、健常者は納得するのであるが、同じような給料をもらい、健常者が障害者を指導し、しかも障害者は作業効率が悪いとなれば不平不満が出ても当然であろう。この矛盾は起こるべくして起こった。それは、健常者と障害者の関係における相克である。健常者と障害者が主従の関係であれば、企業内の地位も給料も低くて当たり前ということになる。先のわっぱの会でも、健常者と障害者の収入を実質同じにしていることによって、主である健常者から不平不満が出ていたのは当然のことであるといえる。

しかし、大山泰弘の経営判断における軸足は、決まっていた。ただし、経営状況は良いわけではなく、障害者雇用に反対の株主も存在した。それでもあえて、障害者雇用を推進しようとする決断は、障害者の一生懸命に働く姿や住職の言葉も後押ししたであろうが、大山泰弘の社会的な使命感の一言に尽きる。そして『働く幸せ――仕事でいちばん大切なこと』において、「知的障害者が働く会社が、一つぐらい日本にあってもいい」（六九頁）と腹を決め、経営を統合していく。そうなると、経営的課題は、知的障害者を中心に作業をすることになり、すべての作業工程を見直すことになる。

例えば、障害者にとって材料の重量を量ることは困難な作業の一つだが、材料を色付けした容器ごとに分け、重量を量るおもり側も色付けし、数値を量らなくても重量の釣り合うところで、材料を正確に取り出すことができるようになった。これを大山泰弘はコペルニクス的転回と呼び、健常者の目線から障害者の目線に移行した転回点であった。その珠玉の繰り返しにより、生産達成へのモチベーション向上と相まって、健常者以上の労働生産性を確保することになる。

大山泰弘は、苦労せず健常者だけの企業経営を継続することは可能であった。ところが、最初のトライアル雇用を受け入れ、二週間後には常用雇用をし、健常者との主従の仕事関係を取っ払いと少なくとも三度のハードルを自らの意思で突破している。合理的に考えれば、現時点でも健常者中心の生産がラクであり、経常利益を生む可能性が高いであろう。それを六〇年も前に障害者を戦力とした企業を志すなど、正気の沙汰ではなかったであろう。けれども、経営は結果であり、現時点で日本理化学工業が存在していないのであれば、経営学の研究対象としても取り上げられる機会は少なかったであろう。逆に、六〇年以上にわたって、障害者雇用が企業にとって戦力となっているために、どのようにすれば障害者雇用が企業経営と調和するかを研究・学習することが可能だ。

日本理化学工業は、障害者雇用により内部環境における生産工程の転換を果たしたが、次に外部環境の危機が迫ってきていた。学校現場でホワイトボードやタブレット端末が増えてきたために、主力商品であるチョークの需要が減る傾向があることだ。それに対して、二〇〇五年にはキットパス（環境固形マーカー）という、粉が出ず、ガラスや凹凸がある素材にも書きやすく、消しやすい商品が開発された。日本理化学工業にとって、六〇年前の障害者雇用が一つのイノベーションであったとしたら、キットパスはその障害者の作業能力から作り出されたもう一つのイノベーションだといえよう。キットパスはまだしも、障害者雇用というイノベーションが、その当時では経常利益に結びつくかどうかは誰も判定できない。ただその決断者である経営者が、微かな（本人には確かな）光が見えているだけであろう。

近い将来、障害者雇用が利益を生みやすいという理論は一般化されそうにはない。とすれば、社会福祉の領域か、一般企業における健常者を主とし障害者を従とする体制が大半を占めることになろう。とはいえ、障害者雇用が赤字にならないためにはどうすればいいかは、日本理化学工業の事例と次の特例子会社の事例から推察することができる。

特例子会社といえば、法定雇用率のための制度と捉えられがちで、特例子会社単独で黒字を出しているところは少ないであろう。厚生労働省による「障害者雇用状況の集計結果」によれば、日本に特例子会社は五〇〇社強ほどあり、雇用されている障害者の数は三万人を超える。内訳は、身体障害者が一万人ほど、知的障害者が二万人弱ほど、精神障害者が六千人ほどである。

その中で、楽天グループの特例子会社である楽天ソシオビジネスは、二〇〇人弱の従業員の中、七〇％以上の障害者を抱えながら単独黒字を計上している。代表取締役社長の川島薫は、自身も障害者であり、『障がい者の能力を戦略にする』において、「黒字経営にできる会社とできない会社の違いは、やる気があるかないか。それだけなのです」（一七三頁）といいきっている。もちろん、景気動向もあるし、天災も含めた需要変動もあるだろう。そもそも経営は、持続可能性（サステナビリティ）を維持するためにも、黒字経営が求められるが、特例子会社のＣＳＲ（企業の社会的責任）にばかり注目し、赤字でも致し方ないと判断されがちである。ところが、川島は、二〇〇七年に楽天ソシオビジネスに入社し、障害者雇用のあり方を考え、障害者を戦力にし、企業全体を黒字にする方法を模索した。

その方法とは、多様な障害者に対応し、人材育成、すなわち教育することであった。障害者といっても身体・知的・精神の三種類だけではない。その内実は、先天的に障害者となっている者と、後天的に障害者になった者では障害への向き合い方も異なるし、障害の程度によって全く感じ方や接し方が異なってくる（三九〜四〇頁）。もし会社組織がお客様扱いしたり、障害者を雇用することだけを意義あるものとして考えたなら、「障がい者の労働に期待していない→人材が育たない→会社が成長しない→社員の給料が低い→社員のやる気がますます減退する→人材が育たない」（五三頁）というようにマイナスのスパイラルを描くことになる。これは一企業だけではなく、他の組織にも国全体にもいえることであろう。だから川島は、人材を育成することに舵を切り、一人一人に対応し、叱咤激励し、指導した結果が単独黒字ということである。もちろん、経営は各年度によって収支は異なり、常に黒字となるかは分からない。しかし、赤字の会社が、一人一人を活用することによって、一人一人の労働生産性が上がれば、黒字達成は可能であろう。

何よりも経営者の考えと決断こそ、それをもたらす源になると、この二事例からいえるのではないだろうか。そして、経営者のみならず、雇用される障害者側にとっても、賃金や工賃を受け取っているにも関わらず、社会福祉を受ける側と開き直り、業務怠慢である限りは組織全体の健全化は難しい。川島は楽天ソシオビジネスの優先課題を明確にして、「社員に社会人としての自覚を芽生えさせ、能力を引き出し、戦力へと導くこと」（七九頁）としている。

これは、手塚直樹が『日本の障害者雇用――その歴史・現状・課題』において示している障害者雇用三原則にも合致した内容であると考えられる。障害者雇用三原則とは、第一原則「恩恵的雇用するのではなく、一人の独立した職業人として育成していく」。第二原則「法律によって強制されるのではなく、企業の社会的責任の見地に立って行う」（三九頁）。第三原則「障害者雇用は段階的に行い、問題を解決しながら一歩一歩積み上げていく」。手塚はこの三原則は、「どの企業にも共通する基本的な考え方であると評価の高かったもの」（三九頁）であるとしている。

障害者雇用を少しでも社会福祉から自立させていくことは、より健全な労働をもたらす可能性がある。何度もいうように、社会福祉を必要とする障害者もおり、社会福祉を脱することを目的としてはいけないのだが、できるだけ障害者雇用の健全化が試みられるべきであると考える。健全とは以前に述べたが、収入・賃金分を超えて適切な範囲で働き、そのことによって社会や企業に貢献することである。そして、より健全となるためには、障害者が組織内でマネジャー的立場に昇進し、障害者の理解を企業内や社会で拡大すると共に、障害者の見本としてのリーダーを一人でも多く輩出していくことであろう。そうすることによって、障害者への偏見を超えた、人としての優しさと厳しさの両方がもたらされることに繋がると考える。しかし、二事例を鑑みて、その第一行動は、経営者の決断と覚悟によってもたらされる可能性が高いといえる。

次章では、さらに障害者の自立の極みである障害者の起業を扱う。障害者の起業家が増え、起業活動が健常者のものだけではないという新しい常識が社会認知として広まれば、今まで述べたような希望の実現も促進されるに違いない。起業する障害者は、軽度で余裕ある障害者ばかりではない。むしろ、就職できなかった障害者が自己雇用として起業するケースも存在する。そして、それが可能になってきた背景についても言及する。

第四章　障害者の起業

障害者が起業する機会

「弱者とは、真理を認めはするが、自分の利害がそれに合致するかぎりにおいてのみ、それを支持する人々のことである。その他のときには彼らは真理を放棄する」（二九四頁）

［パスカル（前田陽一責任編集）『パンセ』中央公論社］

「すべての人は、ものの原因に関して生まれつき無知であること、また自分の利益をもとめようとする衝動をもち、しかもそれを意識しているということである。なぜなら、これらのことから次のことが帰結されてくるからである。

まず第一に、人間は自分を自由であると思っているということである。というのは、彼らは自分の意欲と衝動とを意識しているが、自分を衝動や意欲に駆りたてる原因については知らないから、夢にもその原因については考えつかないのである。

第二に、人間はいっさいをある目的のため、すなわち自分の欲する利益のために行うということである。このことから、彼らは常に完成したものについての目的因だけを知ろうとつとめ、それを聞けば安心してしまう。もちろん彼らにはそれ以上疑うべき理由は何もないからである」（一一八頁）

［スピノザ（下村寅太郎責任編集）『エティカ』中央公論社］

障害者は弱者なのか

障害者の起業は、健常者の起業と比べてハードルが高い。なぜなら障害者は、健康維持のための注意力と時間がとられがちだからである。まして障害による不自由は、行動やコミュニケーションの制約を生みやすい。そうなると、起業活動において、健常者と比べてハンディがあるが、それにも関わらず、起業する障害者は存在する。

起業する多くは、最初は小規模企業を含めて、中小企業としてスタートすることになる。ベンチャーはその中の一つの形態であり、急成長する可能性がある中小企業も存在する。中小企業庁の『中小企業白書』によれば、日本の中小企業の比率は九九％以上と、その比率は圧倒的に多い。ただ、雇用者数については、大企業が多くの人員を抱えているので、比率にすると七〇％以上が中小企業ということになる。

ちなみに中小企業の定義は、中小企業基本法第二条第一項に定められる範囲が基本となっている[60]。特例子会社を除けば、障害者雇用は中小企業が中心であり、中小企業に障害者雇用を促進してほしいという期待があることは首肯できる。ところが、大企業に対して中小企業が弱者であるとしたならば、その弱者において、社会福祉の足かせを嵌めさせられていると感じる中小企業経営者も多いのではあるまいか。まるで、労働生産性の低い障害者を一定数雇用するか[61]、障害者雇用納付金制度の納付金を払うかを強制されているかのように。まさに、社会福祉のつけ（請求書）を社会的に負担させられているという感じを抱く場合があるのではないだろうか[62]。ただ、第三章で述べたように、障害者雇用による良い効果を期待することもできるし、障害者を戦力とする中小企業が存在することも事実である。

ここで検討しておきたいのは、中小企業も、障害者も社会的弱者なのかという問題である。中小企業に関しては、中小企業論の第一人者で、経済社会学者の寺岡寛による『強者論と弱者論――中小企業学の試み』から探ってみたい。寺岡は、中小企業の全体像は社会、経済、政治という視点で異なると述べている（四九頁）。社会的には多数派であり、経済的には倒産数において多数派であり、政治的には、社会と経済の視点を併せ持つ。

確かにマクロ的には、中小企業は、大企業の序列の下に存在するとみることもできるし、大企業の対等（カウンターパート）の存在とみることもできる。しかし、ミクロ的にみた個々の中小企業は、大企業のような市場支配力、研究開発力やブランド広告力を持ち得るわけではない。けれども、ダーウィンの進化論を待つまで

60　製造業、建設業、運輸業等は、資本金の額または出資の総額が三億円以下の会社、もしくは従業員数が三〇〇人以下の会社。卸売業は、資本金の額または出資の総額が一億円以下の会社、もしくは従業員数が一〇〇人以下の会社。サービス業は、資本金の額または出資の総額が五〇〇〇万円以下の会社、もしくは従業員数が一〇〇人以下の会社。小売業は、資本金の額または出資の総額が五〇〇〇万円以下の会社、もしくは従業員数が五〇人以下の会社。小規模企業者は、従業員数が二〇人以下の会社であり、卸売業・サービス業・小売業は、従業員数が五人以下の会社である。

61　国民生活金融公庫総合研究所の竹内英二は、「障害者雇用における中小企業の役割と課題」において、障害者雇用をおこなう経営者の動機を以下の三種類に分類している。①身近に障害者がおり、就労の場を作る場合　②福祉関係の仕事に就いており、問題解決のために経営者となる場合　③障害者雇用を特別と考えず雇用する場合

62　以下の先行研究がある。江本純子「中小企業における障害者雇用の現状分析と政策課題――大阪府中小企業同友会のデータをもとに」『人間と科学』１４（１）、六七～七七頁、二〇一七年

もなく、大きさが必ずしも持続・継続の条件ではない。小さくとも環境に適合し、大企業以上に生き延びることは可能だ。特に、市場が縮小する時は、なおさらである。そういう意味で、紋切り型の中小企業は弱者だ、強者だといっても意味はない。

中小企業が保護されるべき弱者としての対象となる場合は、伝統産業等、経済的価値は乏しいが、歴史文化的な価値があることなどが考えられる。ところが、大企業の場合は、経済全体の影響を鑑みて、税金を投入する政治的決断がされてきた経緯はある[63]。大企業が潰せない場合があるのに対し、個々の中小企業を政治的に救うことはあまり考えられない。そういう意味で、中小企業は、より依存心を捨てて、自活する道を模索していくことになる。

寺岡は、「弱者と産業の狭間」の項目で、協同組合は全般的に低迷しているとした上で、「経営には、変化するさまざまな環境に対応することが求められる。では、中小企業が個別に対応するのが困難であった場合、協同化を通じて対応が可能であるのか、個々の存在としての中小企業は弱者であっても協同化によって果たして強者になれるのだろうか」（一一一頁）という命題を提示している。それについて、強者と弱者の連携においては、インターネットを媒介したネットワークはあり得ると述べている（一一九頁）。強者と弱者の関係だけではなく、弱者と弱者のインターネットを媒介したネットワーク連携も考えられる。

様々な試みや、テクノロジーが変化をもたらしていくが、仮想空間を含めたネットワークが、中小企業のあり方を大きく変えていく可能性があることは理解できる。例えば、日々購入数が増えているインターネットショッピングにおいて、購買者は必ずしも商品を、製造・販売する会社の規模だけで購入を決めるわけではないだろう。それ以上に、購入者の口コミが影響したりするゆえに、企業の戦略は従前とは異なって展開されており、その展開方法については、企業規模の大小によって大きく異なる可能性は従前よりは減ってきているといえる。そして、寺岡は最後に、「地域の市場、地域の雇用、地域の資源、――むろんいまでは外部資源にも依存しているが――に大きく依存してきた中小企業は、かつての『時代遅れの小さな店』ではなく、世界ともつながりつつ、地域社会に大きな役割を果たす可能性を高めてきている」（一八五頁）と述べている。つまり、インターネットビジネスは、地域において展開されるのみならず、即世界とのビジネスとなり、狭い日本だけの階層構造（ヒエラルキー）に支配されることは多くはないといえる。

この大企業と中小企業の時代変化の一端を、健常者と障害者に代置することはある程度可能なのではあるまいか。障害者もその全体像は社会、経済、政治という視点で異なっている。社会的には一〇％弱のグループであり、経済的には一般的に労働生産性が低いグループであり、政治的には、社会と経済の視点を併せ持つ。そして、マクロ的には、健常者と障害者という年収格差があり、人権的には対等（カウンターパート）の存在とみることもできる。ミクロ的には障害者は、健常者のように活躍することが困難な場合があるが、「環境」が整備されれば、健常者以上に活躍することも可能だ。中小企業と異なるのは、社会福祉によって、個々人が救済

63　例えば、二〇〇三年に「りそなホールディングス」に対して公的資金注入がおこなわれた。

される可能性が高いということである。

問題は、「環境」変化である。環境には社会的な外部変化もあるが、内部変化(心身に近い部分)に目を向けると、身体障害者の場合、従来は補装具などの身体の欠損または損なわれた身体機能を補完・代替する用具に頼るのが主であった。東京医科大学の倉田誠は、自助具(身体が不自由な人が日常の生活動作をより便利に、より容易にできるように工夫された道具)をはじめとする物質文化から、その時々の障害者の生活や障害に関する考え方を再構成してゆく手法を「障害の考古学(アーケオロジー)」と呼んでいるが[64]、中小企業とインターネットの化学反応と同様、障害者の補装具にもデジタルの波が押し寄せ、新しい反応を発生させている。

例えば、家から一歩も出られないとしても、パソコンやスマートフォンを通じて、インターネットに繋げれば、世界の情報を受信できるのみならず、文字・音声・動画でもって世界に発信することもできる。従来できなかったことができるのは、健常者以上に障害者に成果をもたらす可能性が高い。実際、第二章で扱った番田雄太は、自宅や病院から出ないにも関わらず、吉藤オリィとインターネットを介し、出会い、寝たきりのまま仕事をおこなった。

従来の産業と社会関係は、重厚長大な垂直的ネットワークであったが、それから軽薄短小な水平的ネットワークへと移行した。重厚長大な産業は、鉄鋼業・セメント・非鉄金属・造船・化学工業や、関連する装置産業が相当するが、一九八〇年頃から産業構造のソフト化やサービス化の流れが広がり、軽薄短小産業(ハイテク産業)へのシフトがあった。

また、自動車産業などにみられる、大企業と中小企業の関係でいう、親会社と下請けという二重構造は、第二次産業に象徴される構造であった。ところが、現在では第三次産業が台頭してきており、第三次産業の中でも第四次産業革命と評されるＩＴ・ＩＯＴをはじめ、ＡＩ（人工知能）、ビッグデータ（情報集積）、ロボットが付加価値を生むことは第一章で述べた。資本装備率の高い資本集約型産業から、――飲食・宿泊業などの労働との結合度が高い労働集約型産業ではなく――技術進歩の影響度が高い技術集約型産業や知識集約型産業へ産業が移行すると、企業や人間関係にも変化が現れる。

親会社と下請けという二重構造に象徴される垂直的ネットワークは、学校・企業・地元等の先輩と後輩などの紐帯の歴史文化的な価値観とも合致して、日本経済の成長を後押ししたが、水平的ネットワークでは、上下関係ではなくフラットなモジュール的結びつきが中心となり、社会構造と人間関係構造を変えていく。そこでは、健常者と障害者という区分けは以前より差異が薄まっていく。例えば、インターネットのチャットでは、相手が健常者であるか障害者であるかの意味が大きくはない。障害者が、指一本でキーボードを叩こうが、目線入力で文字を打とうが、相手にとって障害（障壁）とは感じないであろう。そこでの社会とは、互いのスクリーン画面において、文字が表出されているだけである。しかもそれらの入力で、健常者と変わらぬスピードを保つ障害者は少なくはない。

64　障害学会第一六回京都大会二〇一九年九月七日の自由報告2において報告された。

それは、企業の新規株式公開（ＩＰＯ）にも変化となって表れている。筆者による「上場企業の経営者学歴と起業動機――起業家を生み出すための教育」において、二〇〇六年一月から二〇〇九年八月までの三年八ケ月間にＩＰＯを果たした三六九社において、従来型の産業では、起業からＩＰＯまでが五九年間を要した企業もあった。けれども、最短で上場させたのは一年が一社、二年が一〇社（内三社が情報・通信業）あり、従業員が二〇名以下の企業は八社ある。中には従業員六名で、起業して四年で上場した企業もあった。その企業は、不動産の証券化に対し、アレンジャー業務（シンジケート・ローン）をおこなうグラウンド・ファイナンシャル・アドバイザリー株式会社であった。

このように知識集約型産業を中心に、少人数・小資本・短時間で上場することも可能となった。三六九社の平均従業員数は一九六・四名であり、ＩＰＯ達成に対する平均年数は二一年であるが、平均はあまり意味をなさない。ちなみにＧＡＦＡは、ＩＰＯまで各々五年一一ケ月、三年一一ケ月、八年三ケ月、二年一〇ケ月で達成している[65]。インターネットビジネスの場合、その普及は速度が速く、ローンチ（立ち上げ）はタイムラグがなく、即座に市場と消費者にアクセスできる。このような時空間を意識せず、比較的小資本でも参入できるビジネス状況は、障害者がビジネス参入するハードルも押し下げた。

従来のビジネスは、経験と人的ネットワークに年数を費やし、企業の集合体（クラスター）の中から有望企業が頭角を現す形式であった。ところが、例えば株式会社メッツは、一九八八年に設立され、宛名印刷ソフト「筆自慢」などを販売して、二〇〇〇年二月に東証マザーズに上場した時は、たった一人の正社員しか有しておらず、二〇〇二年頃から中古マンション向けセキュリティシステムの開発・販売を始め、二〇〇五年頃からは不動産売買や仲介などの不動産事業をおこなった[66]。このように、少人数で上場を果たし、上場してからもピポット（方向転換）する企業も珍しくはない。

一方、個人の側も働き方が多様化し、ギグエコノミーと呼ばれる形態が登場している。ギグエコノミーのギグとは、もともと音楽業界におけるその場限りの単独ライブを指す言葉として使われていたが、インターネットを介して単発の仕事を受注する働き方を称して用いられるようになった。マリオン・マクガバンは『ギグ・エコノミー襲来　新しい市場・人材・ビジネスモデル』において、単に「臨時の仕事」と定義している。また、ギグエコノミーで働く人たちを、ギグワーカーと呼ぶこともある。

具体的には、運転代行のウーバーや飲食宅配のウーバーイーツ、宿泊施設や民泊を貸し出す人と借りたい人を繋ぐエアビーアンドビーなどがある。その他、自分のスキルや時間を売ることのできるクラウドワークスやココナラ、短時間労働を売買するタイムチケットなどがある。それらのサイトを介して、単発のアルバイトから副業、さらには雇用的自営業であるフリーランス（単発の仕事ごとに契約を結ぶ形態）から本格的フリーラ

65　グーグル（設立一九九八年九月二七日、上場二〇〇四年八月一九日）、アップル（設立一九七七年一月三日、上場一九八〇年一二月一二日）、フェイスブック（設立二〇〇四年二月四日、上場二〇一二年五月一八日）、アマゾン（設立一九九四年七月五日、上場一九九七年五月一五日）

66　その後、二〇一五年八月に、二〇一二年の株主異動が不適当な合併（合併等による実質的存続性喪失）にあたるとして上場廃止している。

ンス[67]、さらには自営業までを含めたグラデーションは多様となっている。障害者であったなら、ココナラで「障害者が苦労話をします」というタイトルで、顧客を探すことも可能である。この次元になると、アルバイトと自営業の境がなくなり、ユーチューバー同様、億単位で稼げる少数が存在し、同時に趣味の延長線上の多数者が存在する一職業群として認識されていく。ユーチューバーで最も有名な一人であるヒカキンが属しているウーム株式会社は、二〇一三年に設立され、二〇一七年にマザーズに上場している。こういった、かつては芸能界に限られた特殊な働き方が、インターネットメディアを通じて、一般の誰もが参加することが可能となり、一獲千金の夢も同時に与えられることになった。しかも、エージェント的企業が組織体として担保する形態も増えてきた。

内閣官房日本経済再生総合事務局による「フリーランス実態調査」は、ウェブモニターを用いたインターネット調査であり、一五歳以上七五歳未満を調査回答者としている。この調査では、フリーランスの働き方をする者の人数は、副業として従事している者も含め、三〇六万人~三四一万人程度と推計され、全就業者に占める割合は五%程度であり、そのうち本業については三%程度、副業については二%程度であった。

本業としておこなうフリーランスの年収は、年収二〇〇万円以上三〇〇万円未満が一九%と最も多く、副業としておこなう場合では、年収一〇〇万円未満が最も多かった。就労継続支援B型（非雇用型）で働く平均的な障害者は、月工賃二万円として、年収三〇万円未満であることから、パソコンやスマートフォンを使えるのであれば、フリーランスとしてチャレンジすることに挑戦の価値はある。たとえ、収益を上げられなかったとしても、失敗に対する金銭的リスクは少ないと考えられる。そして、チャレンジした時点で、起業の範疇に入っていくことになる。

次に、日本の起業の特徴と、先行研究における障害者の起業者を取り上げる。

起業に関する先行研究

起業家に関する中小企業庁の定義[68]は、『中小企業白書』によれば、「過去一年間に職を変えた又は新たに職についた者のうち、現在は会社等の役員又は自営業主となっている者」である。この定義では自分で事業を起こさずに、事業承継等により法人の取締役や自営業主になった者が含まれている可能性があるため、「自分で事業を起こす」という定義を用いる。ただ、起業は必要な申請手続きと資金さえあれば可能なので、ここでは対価を得ることを目的に対して論ずる。

起業に関しては、健常者と障害者を区分けしている統計は存在しない。総務省統計局による「就業構造基本調査」[69]によれば、日本の起業者の数は全体で四七七万一〇〇〇人であり、自営業者（個人事業主）が三四三

67　工藤正による「障害者の多様な就業組織と就業形態」における、インデペンデド・コントラクターと同意と解釈できる。
68　起業家や起業家精神の学術的定義については、拙著の『起業家育成論――育成のための理論とモデル』を参照されたい。
69　二〇一八年度のこの調査は、全国の約五二万世帯（一五歳以上の世帯員約一〇八万人）を対象に二〇一七年一〇月一日に実施されている。

万人、会社設立者が一三四万一〇〇〇人であり、その男女比は、男が三八四万九〇〇〇人（八〇・七％）、女が九二万二〇〇〇人（一九・三％）であった。健常者と障害者の区分が不明なのは、起業申請する際に、健常者か、障害者かの選択記述が申請書類にはないためである。また、中小企業庁の『中小企業白書』によれば、起業者数は二〇〇二年が三八・三万人、二〇〇七年が三四・六万人、二〇一二年が三〇・六万人となっている。

日本の起業状況は国際比較において特徴がある。それは厚生労働省の『雇用保険事業年報』によれば、日本の開業率は五％前後と世界に比べて少ないことである。日本と各国において統計の方法が異なるため、単純に比較することはできないが、『中小企業白書』によれば、各国の開業率は、アメリカ九・三％、イギリス一四・三％、ドイツ七・三％、フランス一二・四％であり、日本は低い水準であることが認識できる。逆に、日本の廃業率は四％前後であり、アメリカ一〇・〇％、イギリス九・四％、ドイツ七・六％、フランス五・四％に比べると低い水準であることが認識できる。したがって、日本の状況は起業が少なく、廃業も少ない傾向にあるといえよう。しかし、健常者と障害者の起業の違いについては不明である。

起業活動を国際比較する指標としてＧＥＭ（Global Entrepreneurship Monitor）調査がある。これは米国バブソン大学と英国ロンドン大学が中心となり、一九九九年から実施されている調査であり、そこでは起業無関心者の割合[70]を各国割り出している。それによると、日本は七五・八％と主要国では突出して高い。ちなみにＧＥＭ調査によれば、中国四〇・三％、アメリカ二一・六％、イギリス三九・三％、ドイツ三二・一％、フランス四三・五％であった。したがって、日本は起業への関心・興味が薄い国であるといえる。

ＧＥＭ調査では、起業家を二タイプに分類している。それは、事業機会を追求するために起業するタイプ（事業機会型）と、起業以外に選択肢がなく必要に迫られて起業するタイプ（生計確立型）である[71]。一般的に、先進国では事業機会型が多く、発展途上国では生計確立型が多い。いわば後者は、食べるために起業するという起業動機である。しかし、日本の障害者の場合、生活保護制度があるために、多くは事業機会型であると想定できる。

障害者の起業に関して、筆者が知り得る限りわずかな研究と事例紹介があるのみである。中西孝平と竹本拓治は「障害者の自立と起業」において、起業は健常者以上に障壁が高いことが、これまで障害者起業が取り上げられなかった理由としている。そして二〇〇〇年代以降、障害者の起業が雑誌等に取り上げられた背景には、情報機器の発達があったと示唆している。また、障害者の起業が進まない理由として、中西孝平は「障害者の起業と庶民金融」において、起業した収入によって、生活保護費が削減されることで事業が軌道に乗るまでは不安定な生活が強いられる可能性があるためと、障害者ゆえの体調管理の制約があるためとして、資金調達の

70　起業無関心者の割合は、過去二年間に、「新しく事業を始めた人を知っている」「今後六か月以内に、自分が住む地域に起業に有利なチャンスが訪れる」「新しいビジネスを始めるために必要な知識、能力、経験を持っている」の三つの質問すべてに「いいえ」と回答した者の割合を集計したもの。

71　ＧＥＭ調査では、この二タイプを以下の質問によって区分している。「このビジネスの立ち上げに関わっているのは、ビジネスチャンスを生かすためですか。それとも仕事に関してこれより良い選択肢がないからですか」という質問に対して「ビジネスチャンスを生かすため」と回答した場合は事業機会型起業家、「仕事に関してこれより良い選択肢がない」と回答した場合は生計確立型起業家に分類される。

手段として頼母子講の提案をしている。そして、中西孝平は「障害者の創業と生活福祉資金貸付制度」において、生活福祉金貸付制度に関する考察をおこなっている。

また、野中由彦と内木場雅子による「障害者の多様な就業形態の実態と質的向上等の課題に関する研究」では、障害者のための多様な働き場が少ないと指摘し、障害者の起業について四事例を提示している。その共通事項として、①起業者が強い意思と明確なビジョンを持っていたこと、②地域への共存・貢献を目指して周囲の協力を得ていること、③働き方を工夫して働く人の多様性を受け入れていることを挙げている。また、日本障害者リハビリテーション協会の「働く力――起業力を生み出す」においても、いくつかの障害者の起業事例を取り扱っている。

では、実際の障害者の起業者の数や実像はどうなのであろうか。第三章で引用した、厚生労働省の「身体障害児／人の実態調査」は、標本調査法に基づき、全国から無作為に抽出された調査地区の統計[72]であるので、比率に注目する。この統計によると、身体障害者の就業率は二七・一％（就業者八七一人・不就業者三二〇六人）であり、就業形態における構成比率は、常用雇用労働者三四・九％、自営業主[73]二五・三％（実数は二二〇人）、会社・団体の役員一一・五％、家族従事者七・一％、臨時雇・日雇四・九％であった。この統計では、この年の身体障害者数を三四八万三〇〇〇人としており、そこから計算すると、およそ七一万人が就業しており、一七万九〇〇〇人が自営業主だということになる。つまり、二〇〇六年時点で、一七万人を超える障害者の起業者がいる可能性がある。ただし、定義に関する際に述べたが、事業承継等で自営業主になった可能性はあり、一七万人の数値は明確にはいえないが、障害者起業が万の単位で存在することは想像できる。

ところが、障害者の起業に関しては、研究が進んでいないためか、その実像は必ずしも明らかではない。次に、少ない先行研究の中から、障害者による起業事例を挙げる。

起業する障害者――先行研究――

障害者の起業事例において、先行研究で挙げられるのは以下の八件である[74]。

（一）企業組合ユニフィカ、林美恵子代表（障害一種一級）、高知県四万十市（野中、内木場、二〇〇七、七五～七八頁）。

二〇〇〇年設立、資本金三〇〇万円、組合員数四名、事業内容はＩＴ業全般[75]。

72　標本設計は、平成一二年国勢調査で使用された調査区を用い、層化無作為抽出法により全国の調査区を、身体障害者は二六〇〇地区、身体障害児は九八〇〇地区抽出し、その調査地区に居住する全世帯員を調査したもの。

73　この統計では、自営業主を「商店主、工場主、農業主、開業医、弁護士、著述家など一定の店舗、工場、事務所などにおいて事業を行っている者」としている。

74　株式会社アンウィーブは対象とはしなかった。なぜなら、起業者である牧文彦代表取締役は障害者ではないからである。ただし、その社内で、東秀樹（二一歳時失明）は視覚障害者のための情報検索サイト・アイリンクの管理業務をおこなっている。株式会社仙拓は次項で取り上げる。

林代表は、働いた経験がなかったが、三〇代で個人事業主として就労する。内容は、障害者のための生活情報誌に対して、車椅子で散策するための情報を提供することであった。その後に、函館のボランティア団体代表者から、ユニフィカの代表を依頼され、就任する。そして林代表は、ｗｅｂマガジンディスアビリティー・ワールドにおいて、「就労は単なる収入を得るということだけではなく、社会に参加もしくは自分の能力で貢献しているという自信に繋がり、身体障害ゆえに体験する様々な苦難を乗り切る際の強力な力の源となります」と語っている。

(二) 有限会社コパン、金井光一代表取締役（障害一種二級）、栃木県宇都宮市（野中、内木場、二〇〇七、七八～八一頁）。

二〇〇六年設立、資本金五〇〇万円、従業員数一三名、事業内容はパンの製造・販売76。

金井社長は、五〇歳代で仲間二人と共に起業する。コパンとは仲間のことで、仲間と働ける環境を作る目的があった。二〇〇七年には、ＮＰＯ法人チャレンジド・コミュニティを設立し、理事長となる。二〇一〇年からは相談事業と就労支援事業を開始し、障害福祉サービス業もおこなっている。なぜパンかということについては、「在り方大学」サイトの「金井光一氏【チャレンジド・コミュニティ】チャレンジドの自立・参加・協働で魅力的な地域社会づくり」において、「冷凍の生地が開発され、軽度の障がい者にも簡単に作ることができることと、障がい者を応援してくれる多くの方は女性が多いので、パンはとても喜ばれる」からであると語っている。

(三) 株式会社ラビット、荒川明宏代表取締役社長（九歳時失明）、東京都新宿区（工藤、二〇〇三、一四頁）。

一九九九年設立、資本金二〇〇〇万円、従業員数九名、事業内容は視覚障害者向けのパソコン・スマートフォンサービス[77]。

荒川社長は、一般の会社でプログラマーとして働いたのち、三二歳で脱サラして起業する。そして『月刊ノーマライゼーション』の「視覚障害者とスマートフォン」の中で、視覚障害者は情報障害者だとし、テクノロジーの助けによって生活の利便性を増そうとしていると述べている。具体的には、有料のメールマガジンの発行や、有料での視覚障害者へのパソコン・スマートフォンサポートをおこなっている。

75 事業内容は以下。(一)システムソリューション事業、各種業務用支援アプリケーション開発・販売、コンピュータシステムコンサルタント・運用支援・スキル育成、イントラネット／エクストラネット構築・運用管理、インターネットサーバー構築・運用管理。(二)コンテンツソリューション事業、Heartful Online「Ｈｏ！(ほっ！)」企画・制作、デジタルコミュニティ運営管理、書籍・ＣＤ−ＲＯＭ出版。(三)ユニバーサルプロダクツ・サポート事業、バリアフリー商品、ユニバーサル商品、街づくりコンサルタント・開発支援、マーケティング調査。http://heartful.ne.jp/unifica、アクセス二〇二〇年三月二一日

76 宇都宮まちづくり貢献企業の紹介のサイトによる。その他、「焼きたて屋コパン」のオフィシャルサイトを参照した。

77 事業内容は以下。(一)パーソナルコンピュータならびにその周辺機器の販売。(二)パーソナルコンピュータの操作方法の指導、教育業務。(三)パーソナルコンピュータ教室の経営。(四)視覚障害者向け日用品の販売。(五)上記に付随する一切の業務。https://rabbit-tokyo.co.jp/aboutrabbit、アクセス二〇二〇年三月二一日

(四) 株式会社19（いちきゅう）、安藤将大代表取締役社長（先天性の朝顔症候群[78]）、浅野絵菜取締役（小学校四年生時に網膜色素変性症と診断され、大学二年時に身体障害者手帳を取得[79]）、神奈川県横浜市[80]。

二〇一五年設立、資本金四〇〇万円、従業員数不明、事業内容はユニバーサルデザインに関するコンサルティング業務。

大学時代に二人は知り合い（安藤氏が浅野氏の一つ後輩）、ビジネスプランコンテストにおいて、障害者の点字ブロックのデザイン[81]でプレゼンをして、賞を受賞した後、大学時代に起業している。そしてビジネスプランコンテストのアイデアを実現し、視覚障害者に優しい白黒反転手帳「TONE REVERSAL DIARY」を開発する。障害者を「19メンバー」として参画させ、企業や自治体とのユニバーサルデザイン推進をビジネスとしている[82]。その他、講演活動も頻繁におこなっている。

(五) 株式会社アクティベートラボ、増本裕司代表取締役（三六歳時に脳出血により身体障害者二級）、東京都中野区。

二〇一五年設立、資本金五〇九〇万円、従業員数六名[83]、事業内容はポータルサイト運営や企業向けのコンサルティング[84]。

増本代表は、身体障害者となり六〇社に応募し、アルバイトで採用となった会社では「座っているだけでいい」[85]といわれ、起業を志した。立ち上げたOpen Gate（オープンゲート）というSNSは、障害レベルを細分化した身体障害者特化属性情報（特願二〇一六一九四九四六号）を元に、情報共有や出会いを提供し、企業広告を可能にしている[86]。この取り組みは、様々な賞を受賞している[87]。この会社が目指しているのは、「障害の有無に関わらず活き活きと働ける社会の実現」[88]であり、次の二点を重要視している。それは、「障害者視点で障害者が活躍できるマーケットの創出」と「デジタルデバイドの障害者をなくす」ことであり、二〇一九年には株式会社フジクラ（東京都江東区）、株式会社ＮＴＴデータ経営研究所（東京都千代田区）と障害者雇用サービスの共同開発を進めることで合意した。

（六）株式会社ＬＵＹＬ、布施田祥子代表、（三六歳で出産八日目に脳出血、四〇歳で持病の潰瘍性大腸炎が悪化しクローン病となる[89]）、埼玉県さいたま市。

78 以下よりの情報。https://spot-lite.jp/ando-syota/、アクセス二〇二〇年三月三一日
79 以下よりの情報。https://spot-lite.jp/asano-ena/、アクセス二〇二〇年三月三一日
80 以下よりの情報。https://archalle.co.jp/info/info.php、アクセス二〇二〇年三月三一日
81 以下よりの情報。https://cybozushiki.cybozu.co.jp/articles/m001142.html、アクセス二〇二〇年三月三一日
82 以下よりの情報。https://archalle.co.jp/corporate/corporate.php、アクセス二〇二〇年三月三一日
83 以下よりの情報。https://activatelab.co.jp/、アクセス二〇二〇年三月三一日
84 事業内容は以下。（一）身体障害者・介助者／介護者・医療従事者向けポータルサービス〝ＯｐｅｎＧａｔｅ〟の開発・運営。（二）障害者向けライフサポートサービス。（三）障害者雇用支援サービス。（四）広告サービス。（五）マーケティングサービス。（六）障害者関連コンサルティング。
85 朝日新聞　朝刊　全国版、二〇一九年一一月一七日

二〇一七年個人事業として開業、二〇一九年設立、資本金・従業員数不明、事業内容は福祉用品・服飾雑貨の開発・企画・販売。

布施田代表は、二〇一七年にMana'olana（マナオラナ）というブランドを立ち上げ、「下肢装具、義足、車いすユーザーの方々もオシャレを楽しめる、オトナカッコいい靴[90]」を開発・企画・販売している。目指すのは「選択肢のある日常」であり、身体障害者でもオシャレを楽しむことをビジネスにしている。元々、布施田代表はアパレルやジュエリー業界において販売で勤務し、結婚後もスタイリスト兼ライターとして勤務していた。クラウドファンディングの一つ、GoodMorning（グッドモーニング）でも投資を募っており、二〇一九年一一月一五日時点で、支援者一四一人より一三七万円ほどを集めている[91]。起業後は、様々な賞を獲得している[92]。

（七）株式会社ミライロ、垣内俊哉代表取締役社長（骨形成不全症で車椅子生活）、大阪府大阪市。

二〇一〇年設立、資本金九〇〇万円、従業員数五一名[93]、事業内容はユニバーサルデザインのコンサルティング[94]。

垣内社長は、生まれつき骨形成不全症であり、骨が弱く折れやすく、車椅子生活を強いられた。しかし、立命館大学経営学部の起業家育成コースで学び、インターンシップ先でホームページ制作を手掛けた。そして、同コースの民野剛郎とValue Added Networkという任意団体を作り、ビジネスグランプリに出場し、賞金三〇〇万円を得て、翌年に株式会社ミライロを設立した。垣内による『バリアバリュー障害を価値に変える』において、業務内容の拡充を説明している。それは、バリアフリーマップ制作（車椅子通行地図）、バリアフリーコンサルティング、ユニバーサルマナー研修（障害者サポートのレクチャー）であり（八一～八三頁）、障害者の視点を生かしたコンテンツを充実させている。一貫して主張するのは、バリア（障害）をバリュー（価値）に変えることであり、様々な賞[95]を獲得して社会的評価を得ている。

86　以下よりの情報。https://www.tokyo-sogyo-net.jp/interview/1911_01.html、アクセス二〇二〇年三月三一日
87　「ビジコンなかの」最優秀賞受賞、「かわさき起業家オーディション」優秀賞、「アントレプレナー大賞」ソーシャルビジネス部門賞受賞、三菱総合研究所主催「ＩＮＣＦ　ビジネス・アクセラレーション・プログラム２０１９」で最優秀賞受賞。
88　以下よりの情報。https://activatelab.co.jp/、アクセス二〇二〇年三月三一日
89　以下よりの情報。https://manaolana.jp/companyprofile/、アクセス二〇二〇年三月三一日
90　以下よりの情報。https://www.asahi.com/and_M/pressrelease/pre_11107724/、アクセス二〇二〇年三月三一日
91　以下よりの情報。https://camp-fire.jp/projects/188885/activities/105675、アクセス二〇二〇年三月三一日
92　（一）「埼玉県主催さいたまスマイルウーマンピッチ２０１７」キャリアママ賞受賞。（二）「内閣府共催Ｊ３００ｉｎＴＯＫＹＯ２０１７」女性起業家アワード特別賞受賞。（三）「東京都女性キャリア＆起業家支援プロジェクト」優秀賞受賞。（四）「公益社団法人日本青年会議所事業創造会議主催地域未来投資コンテスト内閣総理大臣賞」グランプリ受賞。（五）「彩の国ベンチャーマーケット埼玉県産業振興公社」理事長賞受賞（二〇一九年）
93　以下よりの情報。https://www.meti.go.jp/policy/economy/jinzai/diversity/kigyo100sen/practice/h26_pdf/50_mirairo.pdf、アクセス二〇二〇年三月三一日
94　事業内容は以下。（一）設備や製品に関するユニバーサルデザインの企画、設計、クリエイティブ制作。（二）ユニバーサルデザインに関する各種情報の収集及び提供。（三）手話リレーサービス及び手話通訳派遣サービスの提供。（四）企業、行政、教育機関における教育及び研修。

（八）株式会社ユニバーサルスタイル代表取締役（二〇一一年設立、資本金九五〇万円[96]、従業員数三名、東京都渋谷区）、株式会社スタイル・エッジＭＥＤＩＣＡＬ共同代表取締役[97]（二〇一七年設立、東京都渋谷区）、初瀬勇輔代表（一九歳で緑内障により右目の視力を、二三歳で同様に左目の視力を失う）。

初瀬代表は、大学時代に視力を奪われ、就職活動をするものの、一〇〇社以上受けた中、面接にたどり着けたのは二社、そのうちの一社に内定した。その会社は大手人材派遣業のパーソルテンプスタッフ株式会社の特例子会社サンクステンプ株式会社（現：パーソルサンクス）であった。しかし三〇歳を節目に退社し、ユニバーサルスタイルを起業する。事業内容は、初瀬の『いま、絶望している君たちへ　パラアスリートで起業家。２枚の名刺で働く』によれば、障害者雇用に特化した人材紹介であり、年間一五～二〇人の人材紹介をおこなっている（一三一頁）。

そして次に、三七歳でスタイル・エッジＭＥＤＩＣＡＬを起業する。ここでは、健常者と障害者を問わず、病気の予防と心身の健康増進事業を展開している。二〇一八年には、障害者の起業支援として、視覚障害者である鍼灸師・田村修也と共同でユニバーサル鍼灸院を設立した。資金はクラウドファンディングの一つＲＥＡＤＹＦＯＲで集めた[98]。また、パラリンピックの柔道選手でもある[99]。

先行研究としては以上であるが、八件のうち九名は先天的障害者が三名、後天的障害者が六名であった。事業内容はＩＴとコンサルティングが三件と最も多く、他はパン製造・販売、服飾雑貨や人材紹介と様々であった。

そして多くが、ホームページをはじめ、インターネットで発信していた。そして、多くが自らの置かれた環境を認識し、社会における福利（ウェルフェア・ウェルビーイング）に貢献する意図が感じられた。

起業すれば組織として機能し、起業者はその事業のすべてを統括・運営するのではなく、企業組合ユニフィカの林美恵子代表が「あなたもできる！！――ハンディを在宅ワークで乗り越えて――」において述べているように、「仕事のやり方は、私がクライアントと打ち合わせをし、発注された業務内容に応じて、それぞれのスキ

---

95 （一）「全日本学生児童発明くふう展」特許庁長官賞受賞。（二）「キャンパス・ベンチャー・グランプリ大阪」ビジネス大賞受賞。（三）「キャンパス・ベンチャー・グランプリ全国」審査委員会特別賞受賞。（四）「大阪市ＣＢ・ＣＳＯアワード２０１１」グランプリ受賞。（五）「日本青年会議所近畿地区人間力大賞」グランプリ受賞。（六）「ニッポン放送みんなの夢ＡＷＡＲＤ３」グランプリ受賞。（七）「日経ビジネスＴＨＥ１００」日本の主役選出。（八）「経済産業省」ダイバーシティ経営企業１００選選出。（九）「国際パフォーマンス学会」ベストパフォーマー賞受賞。

96 以下よりの情報。https://universalstyle.co.jp/about/company/、アクセス二〇二〇年三月三一日

97 株式会社スタイル・エッジＭＥＤＩＣＡＬは、株式会社スタイル・エッジ（金弘厚雄代表取締役・二〇〇八年設立・資本金三〇〇〇万円・従業員数二二五名・東京都渋谷区）を親会社とするグループ会社の一つで、初瀬氏は星野崇と共同で代表取締役を務めている。ちなみに、株式会社スタイル・エッジは総合的なコンサルティング会社であり、スタイル・エッジＭＥＤＩＣＡＬ以外に、株式会社スタイル・エッジＣＡＲＥＥＲ・株式会社スタイル・エッジＲＥＡＬＴＹ・株式会社スタイル・エッジＬＡＢＯがある。

98 目標金額は一〇〇万円であったが、支援者二二五人を集め、二〇一八年一一月三〇日には二五〇万円ほどを獲得した。https://readyfor.jp/projects/Universal_Acupuncture_Hospital、アクセス二〇二〇年三月三一日

99 高校時代は長崎県の柔道強化選手（健常者）でもあり、障害者となって二〇〇八年、北京パラリンピック出場。二〇一二年ロンドンパラリンピックではＮＨＫにて視覚障害者柔道選手として解説を担当。またＮＨＫハートネットＴＶブレイクスルーにて障害者雇用プロジェクトリーダーとして活動している。

を持つ仲間に仕事を依頼する」といったことが可能である。つまり、従業員に権限委譲（エンパワーメント）することが可能で、自らの障害に左右されにくい側面を持つ。そして、他のビジネス同様、経営者には結果責任がもたらされる。市場で勝ち残るか否かは、障害者ゆえの同情によって可能であるはずはなく、それは健常者・障害者という境界を越えて存在するものと考えられる。すなわち、障害者は起業においては、障害者なりの戦略は取り得ようが、社会からみて、健常者・障害者という境界（バリア）はあまり想定されない。

次に、上記以外における障害者の起業者を取り上げる。

起業する障害者

ここでは三名の起業者を取り上げる。

（一）視覚障害者用機器販売のレッツ、清野一博代表（一八歳時に重度障害者となる）、静岡県三島市。

清野代表は、ネット販売のＥＣサイト[100]を二〇〇一年に立ち上げ、個人事業主として、二〇〇二年に開業している。従業員は、本人と事務員パート一名である[101]。

レッツのサイト内にある「無いなら作っちゃおうか？～重度障害者の就労チャンス～」によれば、就職はおろか、職業訓練の公的制度（ハロートレーニング）に進むことさえ不適格と判定され、自己雇用である起業を決意する。その際に、起業経験のある障害当事者からアドバイスをもらいながら、実際に起業を果たす。起業のメリットについて、比較的時間管理が自由であること、社会参加と生活を成り立たせることが可能であることを述べている。そして、最後に、「元々無かった就労チャンス。自分の経験してきたことを踏み台の一つに、重度障害者の就労の選択肢が広がることに期待している」と述べている。

清野代表は、総務省主催（共催：情報通信アクセス協議会）の「障害者のＩＣＴを活用した社会参加推進セミナー」（平成二〇年三月一二日）において、一〇七名の参加者（地方公共団体・民間企業・障害者支援団体等）の前で、「パソコンが持つ起業チャンスと落とし穴、失敗から学んだ2つのポイント」という題名で発表をおこなっている。その配布資料[102]によれば、「障害を持ちながらも適切な介助を受けながら働き、相応な賃金を得られるような仕事ができないものか？　どうしたら重度障害者の労働生産性を上げられるのか？　簡単なことではないことは明白ですが、このテーマに挑戦し確立することも、レッツは目標にしています」と志を述べている。

起業が可能となった背景に、パソコン・インターネットをはじめデジタル機器の技術発展と普及があるとしている。そして、起業の経緯を以下のように説明している。「視覚障害者でも使いやすいＨＰ作成ソフトが発売された→販売の仕事をしてみよう→やはり実店舗は経済的に不可能→通勤も困難→在宅でオンラインショッ

100　http://cs-lets.com/tokutoku.shtml」、アクセス二〇二〇年三月三一日
101　二〇二〇年四月九日によるメール取材。
102　https://www.soumu.go.jp/main_sosiki/joho_tsusin/b_free/b_free03_2_5t.html」、アクセス二〇二〇年九月一〇日。

プ経営→何を販売する→自分も使っているパソコンをもっと広めたい→視覚障害者向けの福祉機器や便利グッズを扱おう→既存業者に不満もあった→パソコンボランティアでのサポート経験もある→自分も使っている物、欲しい物なら具体的に始められそうだ」という流れである。ただし、パソコンに向かうことで、長時間労働と運動不足がもたらされる危険性についても言及している。

（二）株式会社仙拓、佐藤仙務代表取締役社長（脊髄性筋萎縮症であり、自ら「寝たきり社長」と名乗っている）、愛知県東海市。

資本金一〇〇万円、従業員数は障害者含め複数名[103]、事業内容は独立開業支援、DTP、WEB全般。

二〇一一年に一九歳で、名刺やホームページを作成する合同会社仙拓（二〇一三年に株式会社へ移行）を、同じ障害がある松元拓也と共に立ち上げる。役割は、佐藤社長が営業で、松元氏が制作を担当し、米アップル社でいうと、スティーブ・ジョブズの立場が佐藤社長で、スティーブ・ヴォズニアクの立場が松元氏という構図になる。

佐藤社長の『働く、ということ――十九歳で社長になった重度障がい者の物語』によれば、可能なのは、思考し、話し、指先を一センチ動かすことである（二一～三頁）。佐藤社長は高等学校を卒業するにあたり、二人の兄と同様、社会に出て働くことが当然と思っていた。そして、重度障害者であっても、コンピュータ関連の仕事なら、健常者に近い働きができるのではと考えた（五〇頁）。ところが、卒業後は障害者活動センターに通うかたわら、大学の科目履修生として学ぶことになる（九八頁）。しかし、「他で働く場所がなかった」（四〇頁）がゆえに、「僕にとって、働くということは、起業をすることだ」（一〇九頁）と確信し、松元拓也（佐藤より三歳上）と共に一九歳で起業する。業務内容は、名刺制作等のデスクトップパブリッシング（ＤＴＰ）であり、ホームページ制作（ＷＥＢデザイン）であった。

佐藤社長はフェイスブック[104]で、テレビ番組制作をしている塩田芳享に友達申請し、ドキュメンタリー番組である「夢の扉＋」の出演を依頼したことから交流が生まれ、塩田は『寝たきり社長　佐藤仙務の挑戦』を出版している。その本によれば、最初の仕事は、近くに住む親戚の名刺制作で、二〇枚で五〇〇円ということであった。

その後、業務を拡大し、障害者が障害者をカウンセリングするビジネスを考案し、そのカウンセリング技術を育成するための「日本ピアカウンセリングアカデミー」を創設する（二〇七頁）。そして、一般社団法人日本ピアカウンセリングアカデミーの代表理事となっている。二〇一八年五月二二日の「日経スペシャル　ガイアの夜明け（テレビ東京）」では、このスポンサーとして、愛知県東海市が紹介された。佐藤社長は、東海市

103　二〇一七年時点で社員数が七名であることを、佐藤仙務と恩田聖敬の『2人の障がい者社長が語る絶望への処方箋』（二一三頁）で述べている。

104　佐藤社長は、サイボウズ株式会社の青野慶久社長ともフェイスブックを通じて、交流関係を築いた。また、ネスレ日本株式会社の高岡浩三社長や安倍晋三元総理大臣の昭恵夫人とも同様の手法で関係を築いている（一八二～一九〇頁）。

ふるさと大使も務めている。

さらに、佐藤社長は、SBI大学院大学の経営管理研究科に入学し、卒業と共に経営学修士号(MBA)を取得する。その他に、椙山女学園大学の非常勤講師、ネスレ日本株式会社のアドバイザーを務め、また芸能事務所であるセントラルジャパンに所属し、タレント活動として取材・講演に応じている[105]。

次に株式会社仙拓は、障害者版のクラウドソーシングサービスを始めるために、在宅就業支援団体(厚生労働大臣登録)となり、「チャレンジドメイン」(https://challengedomain.com/)を立ち上げた。このサイトを通じて、在宅ワークを求める障害者と業務委託したい企業とをマッチングさせている。これにより、常時雇用する労働者が一〇一人以上の企業には、障害者雇用納付金が減額される可能性と、在宅就業障害者特例調整金を受け取れる可能性がある。そして、一〇〇人以下の企業には在宅就業障害者特例報奨金が受け取れる可能性がある。また、フリーランス・タレント・プラットフォームを提供するランサーズ株式会社と連携し、このサイト登録者に対し、ランサーズの仕事も紹介している。

このように佐藤社長は、起業家として、精力的にビジネスモデルを展開している。塩田は、佐藤社長の能力について二点を挙げている。「一つは、自分ができることとできないことを見分ける力。もう一つは、一度やれると思ったら、絶対に諦めない粘り強さである」(一五七頁)。そして、佐藤仙務と恩田聖敬の『2人の障がい者社長が語る絶望への処方箋』において、「自分がここ(筆者注:車椅子)で止まって、まわりをずっと見ていると、見えない世界が見えてくるんです。これは自分が特化していると思える能力です」(九七頁)と語っている。

（三）株式会社ＩＣＣ代表取締役、イデアパブリッシング株式会社取締役、和佐大輔社長（頚椎損傷）、高知県中土佐町出身。

株式会社ＩＣＣの事業内容は、コンサルティング事業、ＷＥＢメディア事業であり、所在地は兵庫県神戸市である。

和佐社長のオフィシャルページ（https://daisukewasa.com/profile/）によれば、一六歳で高校中退、一七歳で起業し、一年で年商一億円を達成する。社員は家族三人のみ。半身不随のため、身体の七割が麻痺し、車椅子での生活に加え、パソコンの操作はすべて口にくわえた割り箸でおこなっている。

和佐社長の『テトラポッドに札束を』によれば、一二歳の時に、海岸から飛び込み、テトラポッドに激突し、頚椎を損傷した。そして、「一五歳の頃の僕は漠然と、将来はパソコンを使った仕事に就くのだろうと考えて」（一二頁）いたが、文字入力作業では速さが劣るため、「ヤフーオークション」でのＣ２Ｃ（消費者間取引）を試みる。販売する物は、物品のみならず、ノウハウ等の情報教材であり、それが成功した。この成功体験から、

105 筆者は、このタレント事務所所属前に、本学経営学部の「起業論」授業において、ゲストスピーカーとして佐藤氏を招へいし、学生に対して「働くとは何か」をテーマに、二〇一八年五月二五日に講義一コマをお願いした。

『なるほど、別に誰かに仕事を与えてもらえなくとも、自分でビジネスを考えることはいくらでもできるんだ』と、思えるようになった」（二五頁）。そして、「インターネットは個人の力を最大化する」（四三頁）と確信する。さらに「これが一〇〇年前だったら、僕はそもそも生きてはいなかったと思います（医療技術的にも、社会制度的にも）」と障害者にとってのツールとしてのデジタルの重要性を強調する。

本のタイトルが『テトラポッドに札束を』となった理由は、以下である。インターネットビジネスで成功した和佐社長は、『少し分け前をあげるよ』。八年前に激突したテトラポッドに、二〇歳の僕は札束を置きに行きました。心からの感謝を込めて」（四〜五頁）としたことからである。そして、現在では、「僕はインターネットの専門家です」（一三八頁）として、メールマガジン・ユーチューブをはじめ、企業のコンサルティング等をおこなっている。

障害者を支援する起業家

障害者を支援する組織や個人は多いが、ここでは二名のみ取り上げる。

（一）株式会社グランディーユ代表取締役、小笠原恭子社長、大阪府堺市。

事業内容は、カフェ事業「メゾン・ド・イリゼ」、弁当事業、惣菜事業に加え、地域活動支援センター「ぜるこば」の運営。

小笠原社長は、「社長！どうでしょう[106]」というユーチューブ番組によると、音楽大学を卒業し、証券会社勤務を経て、「ル・コルドン・ブルー・ジャパン」という料理菓子専門学校に入学した。そして、お菓子教室を開催したところ、そこに障害者が生徒としてやってきたのが、障害者雇用を考えた起業をするきっかけとなった。その障害者は、放課後等デイサービスに通っており、小笠原社長がその施設で教える機会があり、より多くの障害者と出会うこととなった。オフィシャルサイト[107]によれば、「私が出向いてうまく教えられなかったという苦い経験が、支援のあり方とはどういったものなのか、どういった支援が必要とされているのか、又、健常者と障がいのある人とが交われる場所が少ないと感じ」、社会変革の使命感が生まれ、教育学に関する大学院修士に通った後、二〇一四年に起業をする。そして、企業の「ミッションは、そのような働きづらさ、生きづらさを抱えている方たちに、働く場を広げていくこと」と述べている。

小笠原社長の経営方針の特徴は、社会福祉に頼らず、営利企業として、成り立たせていくことであり、従業員である知的・精神障害者、ニート（ＮＥＥＴ）・ひきこもりの一四名ほどが、健常者に交じって菓子作りや接客マナーをおこなっている。

二〇一五年からは、地域活動支援センター「ぜるこば」を運営しており、利用者の生活能力を高め、自立し

106 https://www.youtube.com/watch?v=nfhg-c7Z2o0（二〇一九年七月二二日）、アクセス二〇二〇年九月一〇日。
107 http://grandeur-jp.com/about/、アクセス二〇二〇年九月一〇日

た地域生活を支援している。ここから、「メゾン・ド・イリゼ」で働く者も輩出している。小笠原社長は、数々の賞を受賞している[108]。

(二)　株式会社オリィ研究所、共同創設者、代表取締役CEO、吉藤健太朗社長（吉藤オリィ）、東京都港区。

事業内容は、コミュニケーションテクノロジーの研究開発および製造販売。

オリィ研究所のオフィシャルサイト[109]によると、「不登校の体験をもとに、対孤独用分身コミュニケーションロボット『OriHime』を開発」し、その後、株式会社オリィ研究所を設立した。その理念は、「ベッドの上にいながら、会いたい人と会い、社会に参加できる未来の実現」であり、吉藤オリィ自身は、ロボットコミュニケーターの肩書を名乗っている。

吉藤オリィの『「孤独」は消せる。』によれば、ロボットコミュニケーターとは、「人と人のコミュニケーションを支援することを目的に、ツールとしてのロボットの構想、デザイン、設計、開発、提案までを行う仕事」（二九頁）だとされる。本のタイトルにもあるが、吉藤オリィにとっては、孤独の解消こそ重要テーマであり、「OriHime」は人間がインターネットを介してコミュニケートする道具であり、「身体が動かせなくても、リアルな人と会い、友人と思い出をつくり、人から必要とされ、社会に参加できる…そのような技術」（一七頁）を提供している。同オフィシャルサイトには、「私は『人工知能が人を癒す未来』よりも『親しい人とつながり、孤独でなくなる未来』を創りたいと思った」とあり、「OriHime」が人工知能ではなく、人間（パイロット）が動かす理由が首肯できる。吉藤オリィは「OriHime」をこう説明する。「OriHime とは、行きたい場所があるのにどうしてもそこに行くことができない人にとっての、もう一つの身体…つまり〝分身〟となるロボットなのである」（三五～三六頁）。

吉藤オリィと障害者の接点は、高校時代に特別支援学校にボランティア参加したことがきっかけであった。その中で、たとえ、視力に障害があっても、メガネやコンタクトレンズにより、視覚障害者といわれない状況から、車椅子開発によって、足の不自由を解消しようと試みる。その結果、水平制御機構を搭載した電動車椅子は、国内の科学技術フェアＪＳＥＣにて文部科学大臣賞、ならびに世界最大の科学大会 Intel ISEF にて Grand Award 3rd を受賞した。

ITmedia ビジネスオンライン[110]の「寝たきりでも働ける〝分身ロボットカフェ〟主催者、吉藤健太朗に聞く『テクノロジーで描く孤独のない未来』」において、吉藤オリィは孤独と障害の関係性について以下のように述べている。「人の孤独化は三つの障害によって進行します。一つは、身体がうまく動かせず、移動ができ

108 「関西ベンチャー学会」ビジネスプラン最優秀賞受賞（二〇一五年）、「株式会社ちふれ化粧品」女性起業家支援採択（二〇一五年）、「近畿経済産業局ＬＥＤ関西」第二回ファイナリスト－サポーター九社（二〇一六年）、「特定非営利活動法人大阪ＮＰＯセンター」ソーシャルビジネスコンペ特別賞・堺市長賞受賞（二〇一六年）、「大阪商工信用金庫」社会貢献賞受賞（二〇一七年）、「京都府女性起業家賞」京都リサーチパーク賞受賞（二〇一七年）、「関西財界セミナー賞二〇一八年」輝く女性賞受賞（二〇一八年）。

109 https://orylab.com/about/、アクセス二〇二〇年九月一〇日

110 https://www.itmedia.co.jp/business/articles/2002/03/news010.html、アクセス二〇二〇年九月一〇日。

ない『移動の障害』です。二つ目は、身体的、あるいは精神的な理由で周囲との意思疎通がうまく図れない『対話の障害』で、三つ目は、社会における居場所／存在理由が見いだせない『役割の障害』です」。移動・対話・役割の障害を、「OriHime」をはじめデジタルツールによって解消する実験として、分身ロボットカフェ「Café DAWN(β)」を実験的にオープンした。これは「OriHime」のパイロットである障害者が、実験的カフェにおいて飲み物を提供するという試みであった。東京都内を中心に数回おこなわれた[111]。そこでは、障害者がパソコンやタブレットなどのデジタル端末を用い、「OriHime」を操作するとともに、接客と対話をおこなった。まさに移動・対話・役割の障害を克服し、経済的効果も生んでおり、寝たきりの障害者が働ける可能性を体現していた。

吉藤オリィの『サイボーグ時代〜リアルとネットが融合する世界でやりたいことを実現する人生の戦略〜』には、「孤独」状態の定義が述べられている。それは、「できることが少なくなり、だれからも必要とされていない、居場所がないと感じ、自分の存在意義が見つけられなくなってしまう状態」（八頁）であり、「これが続くと生きる気力すら失われていく」（八頁）と述べられている。これは障害者に限らず、健常者にも起こり得る現象である。そのための人間的行為が、繋がるということであり、それはインターネットを介しても可能となった。次に開発した、「NIN_NIN」は肩に乗せて身体機能をシェアするロボットであり、家で寝ていても、そのロボットを持った外を徘徊する者を通じて、共有経験がリアルにできるものである。本格的なＩＯＴ時代の到来を見据えて、吉藤オリィは「もっと人間とマシンが融合するのがスタンダードになるサイボーグ時代が到来するだろう」（一五二頁）と予想する。

また、吉藤オリィは、青年版国民栄誉賞である「人間力大賞」を受賞し、アメリカＦｏｒｂｅｓが選ぶアジアを代表する青年三〇人「30under30 2016」などに選ばれている。さらに、デジタルハリウッド大学院で特任教授も務めている。

次章では、障害者による起業がどのようにして可能なのかを検証する。また、補論において、障害者である経営者が、障害者雇用をどう考えるかなどに言及する。

111　筆者も二〇一九年一〇月二一日に参加し、吉藤オリィに質問する機会を得た。

第五章　起業の選択

起業できる障害者

「人間の知恵、つまり、ほんとうの幸福への道はどこにあるか。それはわたしたちの欲望をへらすことにあるとはいえない。欲望がわたしたちの能力にくらべて少なければ、わたしたちの能力の一部はなにもすることがなくなり、わたしたちはわたしたちの存在を完全な状態において楽しむことができないからだ。それはまた、わたしたちの能力を大きくすることでもない。同時にもっと大きな割合で欲望が大きくなれば、そのためにわたしたちは不幸になるばかりだからだ。それはただ、能力をこえた余分の欲望をなくし、力と意志とを完全にひとしい状態におくことにある。そうすることによってはじめて、いっさいの力は活動状態にあり、しかも心は平静にたもたれ、人は調和のとれた状態に自分をみいだすことができる。」（二〇四頁）

［ルソー（今野一雄訳）『エミール』岩波書店］

障害者が起業する可能性と手段

前章で、先行研究における障害者の起業者八件と、加えて三件の事例を述べた。そこでの共通性と、障害者が起業するために必要なインプリケーション（結果）を述べたい。

共通するのは、すべてが身体障害者であることである。内訳は、視覚障害が五名、肢体不自由が七名であった。すべてがホームページやブログをはじめ、インターネットを活用しており、インターネットを中心にビジネスを展開する者が五件であった。

第四章で述べたように、障害者にとってデジタル機器は、障害を補う意味で相性が良い。そして、障害者の起業者は、デジタル機器を積極的に活用していた。しかし、デジタル機器において、補うことができるのは身体機能であって、知的機能や精神機能は、未だ難しいといえるのかもしれない。それは、イーロン・マスクの「ニューラリンク」に代表される、脳神経回路へのテクノロジー（ブレイン・マシン・インターフェイス）の発展を待たざるを得ない。

現状においては、デジタル機器の発展と進化に伴って、身体障害者がそれを活用することによって収入増が見込めると判断したことにより、起業する障害者も出始めたと考えられる。しかし、タイピング等の単純作業は、作業単価が安価で、身体障害者の作業効率は必ずしも高くないために、単純作業をするためのデジタル機器の活用では、健常者に比べても利点が少ない。それゆえに、仙拓の佐藤社長は、名刺制作やホームページ作成といったデザインに付加価値を置いた起業を考えた。けれども結局は、業界基準における作業単価はあるのであり、作業量の点で、作業効率が落ちる障害者は健常者に比べ、一般的に不利な傾向にあるといわざるを得ない。

そこで佐藤社長は、松元拓也以外のデザイナーを雇って生産物を増産するか、顧客との繋がりにおいて単価の高い生産物を納品するかの方向性などがあるが、もともとデザインをすることが目的ではなく、働くために起業を選択したという原点であったので、デザイン業務を止めるわけではないが、ビジネスモデルを転換させていく。塩田の『寝たきり社長　佐藤仙務の挑戦』によれば、「僕の会社のことや僕自身のことを多くの人たちに知ってほしいんです。僕、有名になりたいんです」（五頁）とあり、メディアで露出されることを望んでいることが理解できる。そして、それを可能にしたのが、ＳＮＳのフェイスブックであり、著名人に対してコンタクトができ、それを利用して人脈を広げ、営業を展開することができた。単なる、名刺やホームページを作る会社ではなく、「寝たきり社長」が経営する株式会社仙拓は差別化された付加価値があり、障害者を応援する社会的時流と相まって、新しいビジネス展開を可能とした。もちろん、佐藤社長の仕事レベルの高さと、その人格性があってのことだが、単なる健常者の会社では、フェイスブックを駆使した営業でもここまで拡大することは難しかったであろう。

その後、佐藤社長は、障害者が障害者をカウンセリングする「日本ピアカウンセリングアカデミー」を創設し、障害者の心の問題解決（ソリューション）に対するビジネスに挑戦した。このサービスは、障害者がカウンセリング料を捻出することが難しいゆえに、自ら「ふるさと大使」を務める東海市にスポンサーを求め、税金が原資となった。しかし、障害者カウンセリングの公共性については、障害者介護等の社会福祉に比べ、その成果に対する妥当性が曖昧な点が残る。この地方自治団体の政策は、経過において、その必要性と妥当性が問われることになろう。

次に手掛けたのは、障害者版のクラウドソーシングサービス「チャレンジドメイン」である。企業は法定雇用率をカバーでき、障害者雇用が促進される利点がある。ただし、そこでは入力作業やバナー制作等の単純作業に近いものであり、けっして作業単価は高くはない。しかし、障害者が自宅や施設において、移動することなく、パソコンとインターネットを介して収入を得られることは、障害者の選択肢を広げる意味で意義があると考えられる。この「チャレンジドメイン」は、第四章で述べたギグエコノミーの障害者版[112]であるといえる。注意しなければならないのは、健常者のギグエコノミーもそうだが、その仕事は一過性のものである可能性が高く、職業とはいい難いことである。ブリタニカ国際大百科事典によれば、職業とは、「人間が生計維持手段として行うとともに、自己の能力に応じかつ自己実現をはかる目的で行う、社会的に有益な継続的活動をいう」のであり、自己実現や継続的活動が重要である。ところが、ギグエコノミーには、この二つを望むことが、正規雇用に比べて少ないといえる。例えば、配車サービスのウーバーは、自動運転システムのインフラが整えば、その労働者は不要になる可能性があり、ウーバーにおいて正規雇用されているわけではないギグワーカーたちは、その保障をウーバーに求めることもできないであろう。同じように、他のギグエコノミーにおいても、自営業やフリーランスの意識を持って、起業者としてやっていくか、単なる一時的収入のために一時的に雇用契約を結ぶのかは、その将来において大きな違いとなるであろう。

また、そのギグワークがネット社会において、ユーチューバーやインフルエンサー（購買意思決定に影響を与える人）などのように、年間に一億円以上稼ぐ頂点への延長線上にある場合は、自己実現を期待できるが、多くの場合、その夢は儚く終わることも少なくないだろう。そういったギグワークについて、利用する側と利用される側の区分けについて、利用する側は障害者雇用を一時的な安価な労働市場の一つと見るのではなく、障害者の人生設計に責任をもってギグエコノミーを取り扱ってほしいし、利用者は一時的な収益に注目するのではなく、働くことについて冷静に考える機会を持ってほしいと願う。

さて、ギグエコノミーの分布については、第四章で扱ったが、ギグエコノミーに関係すれば、起業者である可能性も高まっていく。正社員であっても副業許可があり、副業をギグワーク的におこなえば、限りなく起業者に近接していく。日本の特徴的雇用慣行であった、終身雇用・年功序列・企業内組合の姿も、時代変化と共に変わりつつあり、デジタルの進化がそれに拍車をかけている。当然、障害者の働き方も影響を受け、外出が難しい身体障害者であっても、インターネットを通じてコミュニケーションし、起業することも可能となった。

112　ＩＤＥＡモデルといわれる、川崎市の週二〇時間未満の障害者雇用もギグエコノミーの一つの取り組みとして理解できる。また、アール・ブリュット（生の芸術）の一種である、知的障害者のビジュアル能力を活用するアート雇用もそうである。このアート雇用は、時間的雇用が適用される場合がある。

そして、起業するには、従来に比べ、障害者のハンディは軽減され、意思と才覚によって健常者以上の収入を得ることが可能だ。また、障害者がギグエコノミーを利用して、一時的収入を得ることも可能となり、必ずしも企業等の組織に所属しなくとも社会と関わり、生活の糧を得ることができるようになった。

しかし、変化は、常に正負の両面を伴っており、第四章で挙げた起業者は光の部分に相当する。その陰で、失敗により生計の維持すら難しい者も存在するはずである。当たり前だが、誰しもが成功して、それによって生計を維持できるわけではなく、起業は健常者同様、成功するのは一握りである。起業家研究の第一人者であるスコット・A・シェーンの『〈起業〉という幻想:アメリカン・ドリームの現実』によれば、実証的研究の結論として典型的起業家像について次のように述べている。「結論　典型的な起業家の財務実績はよくない。●彼が始めるビジネスは、五年以内に倒産するし、また会社を立ち上げるための努力は失敗だと考えている。●彼は、他人の下で働いていた時にもらえるだろう金額よりも少ない金額しか稼がないし、少ない仕事上の利益しか得ていない。●彼の収入は、雇用されていたら得られていただろう収入に比べて変動が大きい。そのため、変動リスクを引き下げようとする。●彼は、他人のために働く人よりも労働時間が長く、そのことに満足していない」(二五一頁)。

アメリカと日本の地域差があり、一〇年以上前の書籍なので、新しい時代状況にすべて当てはまるとは考えられないが、それほど違わない現実が横たわっているのではないだろうか。それは、起業のみならず、これからも広がるギグエコノミーにおいても当てはまる可能性がある。ギグエコノミーの場合は、従来の起業に比べ、初期投資も運転資金も低い傾向があり、失敗による金銭的リスクは少ない可能性はあるが、その後の労働市場の受け皿が十分ある状況では安気でいられるが、就業が困難な中、ギグエコノミーに突入するとなると、フリーアルバイター以上に不安定な立場に置かれることになる。ともすると障害者が時代の流れだと誤認して、ギグエコノミーに巻き込まれれば、そのような事態も多発する可能性がある。そして、その場合の受け皿は社会福祉にならざるを得ない。しかしながら、本来の障害者の起業は、リアルかネットかを問わず、単純作業を時間労働でこなすことではなく、差別化された強みでもって、その商品ないしサービスを展開していくものであろう。健常者とは異なる、障害者の強み、その強みを生かしたビジネスとはどういうものだろうか。それについて次項で扱う。

障害者ならではのビジネスモデル

事業で収益を上げるための仕組みをビジネスモデルというが、株式会社仙拓の佐藤社長にしても、株式会社ＩＣＣの和佐社長にしても障害者でなければ不可能な業態ではない。むしろ、和佐社長は障害によって、若年期からインターネットビジネスを始めるきっかけとなったことは述べたが、障害がなくともインターネットビジネスで成功していた可能性が高いと考えられる。身体障害者にとってインターネットとデジタル機器は、健常者と肩を並べるツールとして理解できるが、それは単なるツールであり、それを利用したからといって、誰しもが高い収入を得られるわけではない。

佐藤社長にしても、和佐社長にしても雇用される側として、必ずしも有利な人材ではなかった。通常の障害者が健常者と並んだ際、企業は採用に対し、消極的であるのが普通であろう。その逆境に対し、時代変化を認識し、自らの努力と才覚でビジネスに成功をもたらした両者は、障害者の「光」といっても過言ではないだろう。しかし、誰しもがその「光」になれるわけではない。両者のビジネス手法も、著しい時代変化において陳腐化する時間は早いといえる。その意味で、両者を模倣するより、次の新しい変化に対応できる者が、次の「光」になる可能性を秘めている。しかし、これは障害者に限らず、健常者にも全く同じことがいえる。そう考えると、障害者ならではの強みはないのであろうか。もちろん、両社長も障害者の属性は持っており、それがビジネスや人間関係に大きく影響しているであろう。それがビジネスに生かされているとは考えられるが、客観的に認識できるのは、佐藤社長のように「寝たきり社長」というキャッチコピーでマーケティング効果を高める[113]ことぐらいである。

ところが、株式会社ミライロの垣内社長が展開するビジネスは、障害者ならではの視点を生かした、健常者にはおそらく不可能なビジネスである。それは、株式会社ミライロの企業理念、ミッション、ビジョンに表れている。オフィシャルサイト[114]によると、企業理念は「バリアバリュー」であり、ミッションは「自らの色を描ける未来、自らの路を歩める未来をデザインする」であり、ビジョンは「小さな想いを、大きなうねりに変える会社」である。企業理念では、バリア（障害）である弱点やコンプレックスを、バリュー（価値）に変えるという社会変革を目指している。ミッションでは、不便や不自由に対し、視点・経験・感性を生かして、価値の最大化を目指している。ビジョンでは、共感を原動力に、障害者をはじめマイノリティ含めた社会性と経済性を伴ったより良い社会の実現を願っている。

垣内による『バリアバリュー障害を価値に変える』では、最初は、「『世のため人のため』なんて気持ちよりも、『事業を起こして大儲けしたら、自分をカッコいいと思えるようになるかもしれない』という考えの方が勝って」(五六~五七頁)いたと述べているが、一般企業において障害者の視点に基づいて、より良い社会の実現を目指すことにおいては軸がぶれていない。初めは、環境のバリア→バリアフリーの地図(障害者の視点でのバリアフリーマップ)事業に取り組み、次に意識のバリア→ユニバーサルマナー(障害者や高齢者へのサポート方法の知識や技術と心理的アドバイス)事業に取り組み、次に情報のバリア→バリアフリー情報を配信するアプリ開発事業に取り組んでいる。これらには、障害者の視点と経験が元にあり、障害者に優しい社会は、健常者にとっても優しく、有益であるという考えが読み取れる。

これは、日本理化学工業の障害者雇用において、障害者が仕事の役割や流れを理解しないのは、障害者の理

113 『2人の障がい者社長が語る絶望への処方箋』の中で以下のように述べている。「僕は恥ずかしいと思う気持ちがそもそも恥ずかしいと思っています。中途半端な気持ちで自分を出すのは良くないですね。中途半端に出る杭は打たれますが、出まくる杭はもはや打たれない。だから、僕は徹底的に自分をさらすようにしています。さらすことによって、自分の会社がもっと注目を浴びればいい」(三六~三七頁)。

114 https://www.mirairo.co.jp/company/vision、アクセス二〇二〇年一〇月一〇日

解が問題ではなく、それを伝える側の工夫と努力が足りないとすることに通じている。健常者も千差万別であり、障害者に理解できる伝え方は、健常者にとっても理解しやすく丁寧である場合が多く、その従業員を大切にする姿勢と雰囲気が労働生産性を高めさせる。日本理化学工業は、会社における業務改善であったが、ミライロは社会全体の改善を試みようとしていることが認識できる。しかも、その手法は徹底的にビジネス的であり、『もしここをバリアフリー化すれば、今まで取り逃がしていた障害者や高齢者のお客様が来店できるようになります』と証拠（エビデンス）となるデータをきちんとそろえて、相手に納得していただくのが基本です」（二〇九頁）と、顧客の利益を主張し、それが社会の利益と調和する手法をとっている。

垣内社長は、「私の夢とは、『ユニバーサルデザイン』を世界に広げること。性別、年齢、障害の有無にかかわらず、誰もが自由に自らの人生をデザインし、歩んでいける社会をつくること」（二頁）と明言し、障害という社会的弱点を、事業を通して長所や強みに変えようとしていることにおいて、見習うべき存在であるといえる。そして、「あらゆる障害（バリア）は、価値（バリュー）に変えられる」（二頁）と悲嘆に暮れがちな障害者を鼓舞している。

この手法が、まだ未開発で伸びしろがあるといえるのは、障害は多様で、解決すべき問題が山積しているからにほかならない。例えば、歩道の視覚障害者誘導用ブロックは、車椅子利用者にとっては障害となりかねないもので、その利便性は衝突（コンフリクト）する。そのために調整や第三案を考案し、社会実現していくことは、当事者である障害者が中心になすべき課題であるといえる。そういう意味で、営利事業のみならず、政治や社会運動においても障害者の活躍が期待されるし、ミライロ以外の企業が活躍する余地はまだ多分に存在するものと考えられる。このように障害者の視点や認識でなければ、問題解決しないであろう社会的問題に対し、障害者が挑む価値（バリュー）はあるであろうし、その数多のビジネスモデルの登場を期待したい。また、それを支援する障害者のみならず健常者が集う機会と場所があり、資金援助の仕組みの創設も欠かせない。障害者は、障害ゆえに自分が困っているという主張をするのみならず、それをどのように社会的解決をすれば、他の人にとってメリットがあるかを考え、ビジネス等の形にしていけるかを模索することである。

『障害者の経営学』では、社会が障害者に与えた障壁や否定的側面に対し、その障害（障壁）を支点（視点）にして、ビジネス（事業）によって、より良いものに創り替え、否定的側面を弁証法的に社会に価値あるものとして還元する方向を提案したい。その積み重ねによって、障害者がいるからこそ、豊かな社会が創られたのだという事例と認識が広がっていくことを願う。

補論一　障害は個性か

障害者は健常者の対義語である。その個人対個人は人権的には重さは同じだが、障害者がないものを健常者は有している。それは、必ずしも心身の健康ではない。健康の反対は、不健康であり、すべての障害者が不健康であるわけではない。ＷＨＯ憲章では、前文において健康を次のように定義している。「健康とは、病気でないとか、弱っていないということではなく、肉体的にも、精神的にも、そして社会的にも、すべてが満たされた状態にあること（日本ＷＨＯ協会訳）」。

満たされているかどうかを問うことは難しく、すべての障害者が健康ではないとはいえないが、機能障害（インペアメント）と能力障害（ディスアビリティ）を抱える障害者が健康ではない傾向があるとはいえるだろう。逆に、障害者にあって健常者にはないものは何であろうか。障害者ゆえに有する視点・認識・思考などはあろうが、それも含めて障害者の個性と一括りにすることもできる[115]。

そういった個性が独自性を発揮して、ビジネスモデルで優位に立つ可能性については既に述べた。しかし、それも含めて、その個性は望ましいものなのであろうか。もし、障害がなくなれば、その個性を失うわけで、仮に選択ができるとしたら、「障害＋個性」をとるか、「健常＋健康」をとるかどちらであろうか。幸福度の観点においては第二章で述べたが、やはり後者が、幸福度が高い可能性がある。この仮想の上の選択は、千差万別であろうが、成功している起業者の意見について引用する。

株式会社ミライロの垣内社長は、『バリアバリュー障害を価値に変える』の中で、「もちろん『障害』はない方が良いに決まっています。しかし、それが時に『価値』へ変わる瞬間があります。見方を変えれば、それが『強み』になることもあります」（四頁）と述べている。いわば、弱点を武器に変えることもあり得るが、障害はない方が良いという主張である。また、株式会社仙拓の佐藤社長は、『2人の障がい者社長が語る絶望への処方箋』の中で、「障がいは個性のはずがない。そんな個性いりません」（一三頁）と述べている。また、朝日新聞デジタル（二〇二〇年九月一〇日）の『障害は個性』、それ本当？　当事者が感じる違和感とは」において、自身の体験として「障害は個性。それは私が子供のころから散々言われていた言葉」であることを回想している。続けて、障害は個性というが、魅力とはいわないことを指摘する。そして、障害のあるスタッフに質問を投げかけたところ、『障害は障害です』と悲壮感なく答えた」ことに同意している。垣内社長と同様に、「障害＋個性」よりも「健常＋健康」を選択すると解することができる。

個性とは、goo国語辞典によれば、「個人または個体・個物に備わった、そのもの特有の性質」である。個性の意味合いでいえば、障害は個性であるとはいえる。もちろん、健常者であっても様々な個性を持ちうるし、その個性が他の人にとって魅力と映る場合もあるだろう。しかし、障害者における個性が、機能障害（インペ

115　もちろん、健常者にも相応の個性が存在すると考えられる。

アメント）と能力障害（ディスアビリティ）であるとすれば、けっして魅力となるものでないことは明らかだろう。おそらく、羨ましいほど輝いて見える障害者は、障害という苦難を乗り越えて、自らの人生を謳歌したり、社会で活躍している場合であり、障害そのものを代替えしたいと考える健常者は少ないであろう。

広告業界では、ＣＭ（コマーシャル）において従来から３Ｂ神話というものが存在する。３Ｂとはビューティ（美）・ベイビー（赤ちゃん）・ビースト（動物）である。人はそういった部類のものが自然と見たくなる存在であり、逆のものは閉口する傾向がある。障害は空気感染や接触感染をすることはないにも関わらず、人から疎んじられる可能性がある。健常者にとって、障害は自らの将来あり得る可能性であり、できれば遭遇したくはない可能性であろう。それを意識的にも無意識的にも避けようとすることは否定できない。しかし、死を誰しも避けられないのと同じで、自らが障害者になる可能性に対して全否定はできない。それゆえ自らが障害者になる可能性は存在し、特に身体障害者においては、高齢と共にその比率は高まってくる。それらを避けたいと願う健常者が、健康という幸福の一条件を切り崩されかねない障害を意識的に遠ざける心理も理解できる。

仏教用語の四苦（生・老・病・死）、八苦（四苦に加え愛別離苦・怨憎会苦・求不得苦・五蘊盛苦）に代表される苦しみから逃れたい、また逃れるための心理的手段としてスケープゴート（人身御供）を作りたい心情は過去にも現在にも未来にも存在する。それらの遭遇に対し、「縁起でもない」と口に出し、禍々しく感じる日本人はけっして少ないとはいえない。例えば、葬儀業界において東証一部上場を果たした、株式会社ティアの創業者である冨安徳久社長は、『ぼくが葬儀屋さんになった理由』の中で、葬儀の仕事に対する偏見が世の中に存在していることを明らかにしている。具体的には、葬儀の仕事が相手家族に受け入れられず、結婚が破談になったことや、異業種交流会で葬儀会社との名刺交換に憤慨されたことが述べられている[116]。これらは、冨安社長や葬儀の仕事そのものに帰せられるものではなく、社会に存在する一種の障害（偏見と差別）といえよう。そして、その障害を克服するために、冨安社長は、葬儀業界の社会的地位を上げるべく、株式上場を果たし、人材（財）教育に力を入れている。

同様に、障害者側も障害者認知と社会的地位（収入も含めて）を上げるべく活動が大いに期待される。「障害は個性」の段階から、さらに飛躍していくことが求められる。健常者が障害を個性だと述べる時、大きく観点は二つあり、一つは、おおかたの健常者と違う特徴と差異を有するという多様性からの表面的観点と、もう一つは、対面する障害者を傷つけないための表現手段として用いる観点がある。前者は、認知の表れであり、後者はコミュニケーション上の距離を表している。今後、この距離が溝（隔絶）とならないような取り組みが必要に感じる。そのためには、障害者も否定ばかりではない、肯定をどう表現するかを中学校三年生の青石奈那香さんから学ぶことができる。

青石奈那香さんは「障害者だって、幸せだ」という文章表現で、第三三回全国中学生人権作文コンテスト入賞作文集（二〇一三年）で文部科学大臣賞に輝いた。友人や先生方の理解により、「障害があることで、不幸だ

116　冨安社長を授業（二年生のゼミ：二〇二〇年一〇月三〇日）に招いて、上記を直接確認した。

と感じることはあまりありません」と述べており、充足を理解し、「障害をもって生まれたからこそ、出会えた人もいます」と、失ったことよりも得ている幸せに目を向けている。そして、『障害者は不幸だ。』と考える人が多い社会は問題だと」考え、『障害はあっても、幸せに生きていける』と誰もが思えたら、障害者も健常者も生きていきやすい社会になるのではないでしょうか」と提言している。これは社会に生きる我々にとって、有益さをもたらす提言であり、それに対する健常者と障害者の双方の取り組みが求められる。

もし、神奈川県相模原市の知的障害者施設「津久井やまゆり園」で起きた障害者殺傷事件における植松聖死刑囚が、障害者もそれを取り巻く健常者も幸福であると知っていたなら[117]、この事件は起きてはいなかったものと考えられる。障害者が今以上に幸福となる必要が、社会の側にも要請されていることが理解できる。その鍵は、生活できる収入の確保であり、周囲の支援・援助と温かい心遣いであろう。組織において、その組織の周縁である部分が豊かで幸せである組織は、全体として豊かで幸せである可能性が高く、逆に差別・格差などによって周縁が貧しく不幸である組織は、全体として貧しく不幸である可能性が高い。周縁の一グループである障害者がどうであるかは、その国や地域などの領域において、一つの豊かさと幸せの指標となり得る。そうであるからこそ、今以上の幸福を障害者は享受する義務があると考える。

補論二　障害者による障害者採用

第三章で扱った、星加良司の『障害とは何か』における命題に対し、障害者である経営者は何と答えるであろうか。その命題とは、採用に関し、「A（障害者）＋環境整備コスト」「B（健常者）」が能力において同等ならばどちらを採用するかというものであった。

株式会社仙拓の佐藤社長は、『2人の障がい者社長が語る絶望への処方箋』の中で、「うちは障がいの度合いに関係なく、完全能力重視です。ウェブデザインをはじめ、システム、印刷物のデザインなどの能力をもった人を最重視して雇っています」（九八頁）と述べ、上の命題に直接答えたわけではないが、端的に能力によって採用を決定し、能力を金銭価値に換算して環境整備コストを算段すると考えられる。けっして、障害がある経営者のすべてが、障害者採用を優先するわけではない。ただ、佐藤社長は「障害者をカウンセリングするビジネス」にしろ、「チャレンジドメイン」にしろ、障害者の雇用を考えたビジネスコンテンツを展開しており、障害者の「光」であることは疑いがない。

ただ、能力主義にこだわる理由は、雇用を求めてアクセスしてくる障害者に対して、「仕事はやはり、その人がその会社で働き、誰かの役に立ち、社会の役に立ち、そのことに対してお客さんがお金を払い、それが給

117　実際に幸福であったかどうかは、分からない。

料となるわけです。『かわいそうだから雇ってください』と言ってくるのは、全く筋が通っていません」（一〇一頁）と、ビジネスのお金の流れにおける筋道を経営者として説明している。つまり、その商品・サービスに対する対価を得ることにより、その中から給料を得るわけで、商品・サービスへの貢献度が給料の違いに反映されるのであり[118]、けっして健常者・障害者という単なる属性が影響するわけではない。それはもっともな言い分であり、経営者として、正当な意見であるといえる。

しかし、星加が「社会全般にわたってAが不利益を集中的に経験しているのならば」（二七六頁）、Aの採用が正当化される可能性があることについては、採用面談の際の判断に左右される場合がある。いわば、筋道の議論ではなく、日本理化学工業の大山泰弘社長の判断のように、経営感覚に支えられた感情的判断が下される場合があり得ると考えられる。その判断が下されるのは、障害者が雇用されることが困難であることを知っている佐藤社長をはじめとする障害がある経営者の可能性が高いといえる。なぜなら、同じグループである障害者を助けたいという意識がもたげたとしても不思議ではないからである。ただ、その障害者が有しなければならないのは、仕事遂行のための能力であり、たとえその仕事遂行のための障害を社会的に取り除かれるための負担が社会の側にあろうとも、現状その障害があるために仕事遂行が不可能であれば、経営者は採用の判断が下せなくとも否応がないとすべきではないだろうか。

改めて、障害とは、goo辞典によると、「一、さまたげること。また、あることをするのに、さまたげとなるものや状況。二、個人的な原因や、社会的な環境により、心や身体上の機能が十分に働かず、活動に制限があること」である。確かに障害者は、仕事遂行に対し、程度の差はあれ、障害によって行動が妨げられ、活動に制限がある。その上で、仕事遂行のための能力を第一とすれば、間違いなく障害者は不利な状況に置かれざるを得ない。結局、社会的弱者として、社会福祉の領域で働くことになる。

　障害者が一般雇用を求めるのであれば、機能障害（インペアメント）を認識し、それでも健常者と同等以上の能力を発揮できる仕事に対し、雇用を求める他はない。それは当然、健常者が仕事選択できる範囲に比べ、障害者の範囲は狭いといえる。それが多くの障害者が福祉的雇用を選択する一因である。それが致し方ないことは、佐藤社長の考えが代弁している。ここで押し掛かるのは、一般雇用においてではあるが、能力主義の一元論であり、弱肉強食の世界観である。これに関しては、今後の研究において追求したい。

　ところで、障害者によるＩＴ分野の能力発揮については既に述べたが、社会的な哀れみから購入を促すのではなく、商品・サービスの購入に対し、障害者という属性がプラスに働くことがあるのであろうか。商品・サービスに対する対価により企業運営は成り立つわけで、何が消費者の購入条件であるかを考えることによって、障害者という属性が付加価値を生む可能性はある。姫路まさのりは『障がい者だからって、稼ぎがないと思うなよ。：ソーシャルファームという希望』において四つのケースを紹介している。それは、フランス料理店「ほのぼの屋」、クッキー製造販売の「がんばカンパニー」、障害者芸術の「ボーダーレス・アートミュージアムＮ

118　給料の決定は、人事に関する部分でもあり、単に商品・サービスへの貢献度だけではないことも想定される。

O–MA」、ワイン醸造販売の「AJU自立の家」である。アール・ブリュット（生の芸術）については、第五章で触れたが、それ以外は飲食関係であり、第四章でも触れたが、障害者雇用と関係が深い。

果たして、障害者による飲食関係の事業は社会的ニーズが高いのであろうか。そこで、本学ゼミ生四六名[119]に対し、アンケートを実施[120]した。質問は、「障害者が作ったものでどれなら積極的に買いたいか、あれば複数選んでください」であり、選択肢は、「パン」「クッキー」「石けん」「弁当」「野菜（農作物）」「えんぴつや文房具」「人生相談（時間制）」「障害者にも優しい企業の情報（就活対応）」であった。結果は、四一名（回答率八九％）の回答があり、断トツに多いのが、「えんぴつや文房具」二八件であり、次に「石けん」一五件、「人生相談（時間制）」一一件、「パン」一〇件、「障害者にも優しい企業の情報（就活対応）」一〇件、「野菜（農作物）」九件、「クッキー」八件、「弁当」六件であった。この調査は、調査数からいって統計的価値はないが、同時に定性調査によって、順序の理由を探ることができる。

飲食関係の中でも、「弁当」が最も人気がないが、その理由は衛生的懸念であった。「パン」や「クッキー」などは、「弁当」に比べ作業工程が少なく、しかも最後に高温処理されるので衛生的懸念は少ないが、弁当は作業工程が煩雑で、食品衛生上の不安が高まるということであった。その障害者のイメージは、発達障害や知的障害者像であり、口に入れる食品を扱う上においてはデメリットでしかないということであった。そういうわけで、「えんぴつや文房具」が第一位となった。

次に、同じ製品・価格のパンについて、どれを選択するかを、製造者順に並べよという口頭質問をした。選択肢は、①若い女性、②おじさん、③障害者である。これについては、男女問わず①→②→③となった。これは、全くのイメージであり、衛生的な感覚が影響している。この認知が、社会的にも個人的にも変容すれば、障害者のパン製造販売は付加価値を生む可能性はあるが、現状ではデメリットでしかない傾向がある。ただ、学生たちは、表面的にはこのアンケートの結果通りであるが、おじさんにしろ障害者にしろ、その背景であるパーソナルな面の理解があれば、この順序は変わってくると述べた。例えば、パン製造の経験豊富なおじさんであったり、衛生管理が行き届いた障害者施設のパンであったりすればである。

二〇〇七年に創業した、古賀ひろゆき代表取締役による株式会社ジェリーズポップコーンは、二〇一三年に障害者就労継続支援事業として、株式会社サカセルを開所した。株式会社サカセルは、就労継続支援A型（雇用型）として多くの障害者を雇用している。また、二〇一七年にはソーシャルワークプロジェクト「ポップコーン福祉応援隊」が開始され、フランチャイズとなった福祉法人などによって障害者雇用が促進されている。しかし、ジェリーズポップコーンの公式ホームページには、障害者も含めて製造していることを強くは謳っていない。これは先の調査結果からいえば、付加価値とはなりにくいから妥当といえる。

障害者が飲食関係に関わるのであれば、商品・サービスで勝負するのみならず、その団体の理念や姿勢にお

119　愛知東邦大学経営学部の一年生一六名（男一〇・女六）、二年生一五名（男一一・女四）、三年生一五名（男一四・女一）。
120　二〇二〇年一〇月二七日から一一月八日の間に、グーグルフォームを使ってアンケートを実施した。

いて社会的認知を広めることによってブランド価値を高め、衛生的不安を取り除くべく施設労働管理を徹底し、従業員のモチベーションを高める不断の工夫を施すべきであると考える。その多くは、経営者の役割である。それが前提で、消費者は社会的弱者を応援する意味も含めて、購入行動をするという流れが社会の中で見られることが良い循環ではないかと感じる。それができる経営者が多く誕生し、多くの障害者が採用され、働く上の喜びが溢れるのであれば、障害ゆえに苦労し涙する機会は、社会の中で相対的に減っていくものと考えられる。

あとがき

二〇一九年、山本太郎氏が率いる「れいわ新選組」から、二人の参議院議員が誕生した。しかもこの二人は、障害者であり世間の話題を呼んだ。障害者の政治家は、地方を合わせると二〇名を超える人数がいる。しかし、人口比率からいえば、もっと多くの障害者の政治家が活躍してしかるべきであると考えられる。女性のプロ運転手が珍しかった頃、それがマスメディアで取り上げられた頃と似ている。私が初めてフィンランドに行った一九九八年、ヘルシンキでは父親がベビーカーを一人で引いていることに驚いた印象があったが、今の日本ではそんなことは見慣れた光景となっている。

障害者なのに起業し、会社を経営し、従業員を抱えている。そんなことが珍しがられ、研究の対象になる時代は既に過ぎ去ろうとしている。次の文章は、人によって、様々な意味に捉えられる。「障害者なのに、起業家でもある」。この「なのに」には、障害を抱える障害者なのにも関わらず、競争の激しいビジネスで活躍しているという称賛が含まれる場合もあるし、障害者なのに起業しているという違和感を表す場合もあるかもしれない。いずれにしろ、ビジネスにおいて、単に障害がある経営者というだけで、珍しがられ、重宝される時代は過ぎ去りつつあると感じる。その稀有な存在として、差別化において光を放っていたものが、単にそれだけでは何の関心も引かないコモディティ化へとたどるのは自明のことであった。

資本主義は、産業革命以降に成立したとする見方が一般的だが、資本主義以前にもビジネス、もしくは商いは存在し、商品やサービスと財を交換してきた。障害者を哀れみ、救おうとする善意は、社会福祉の領域で示されることが望ましいし、ビジネスの領域でそれが示されるのであれば、障害者に誤った欺瞞を生じさせ、社会へのより良い商品やサービスの流通を阻害することに繋がる。より良い社会の一つの形態とは、資本主義に限定していえば、より良い商品やサービスが適度な価格で提供されることだ。そこでは、障害者という一種の甘えは通用しない。だからこそ、佐藤仙務氏は、「寝たきり社長」という自虐的コピーを自ら考案し、マーケティング効果を最大限に生かしながら、その事業においては、障害者だからと妥協することなく、商品とサービスにおいて顧客満足を追求するからこそビジネスの継続が可能なのだ。したがって、障害者のビジネスを持続可能にするのは、そのビジネスそのものであって、単に障害者か否かの属性とは関係がない。

しかし、佐藤仙務氏がこのように障害を売りにするには、まず本人の中で障害者であることを受け入れ、それを克己することが必要であったろう。障害はその人自身の障害のみならず、他の人への障害を含んでいる。障害をさらした途端に、人から疎まれ、嫌われる可能性があるし、本人が避けたいことの一つが哀れまれることではなかろうか。人から同情されることほど、自分を貶める行為は見当たらないと考える。だから障害者の中には、社会と関わりたくないと考える方がいることは納得できる。私自身、言語障害があり、人と話すことを意識的に避けている部分がある。避けている理由は大きく二つあって、話すことで自分自身への違和感が表出するためと、相手に発話・語彙不足から不理解がもたらされるからである。これに比べれば、佐藤仙務氏の苦悩は計り知れなかったに違いない。それにも関わらず、それを乗り越え、むしろそれを売りと強みに代えて、健常者と同じ土俵で戦う姿勢は、多くの障害者が学ぶべきではないだろうか。

佐藤仙務氏を本学の「起業論」にゲストスピーカーとして、一コマの授業をお願いした時の印象が鮮やかだ。授業内容は「働くこと」についてであったが、授業後の学生を含めた高揚感が忘れられない。それは、障害者の佐藤仙務氏だから与えられたものといっていい。佐藤仙務氏にとって障害という属性は、異質のものではなく一体化しており、その彼自身の人生から語られるという強さと現実が、聞く者に対して煌々たる光を放っていた。もちろん障害は改善して欲しいし、医療や技術の進歩により、より健常者に近づいて欲しいが、それは彼の仕事ではない。結局、仕事というか働き方はその人の生き方が反映され、社会の様相の中で形式化されるのだ。障害が消せない属性であるとすれば、それをどう自分なりに生かし、強みを社会の中で発揮していくかという難題に挑戦することが重要と感じる。そして、ビジネスは時代と呼応し、障害者も時代に呼応しなければ、ビジネスの世界で泳いでいくことはできない。

しかし、ビジネスで成功し、雇用を提供できる障害者は一握りだ。そのような健常者以上の障害者はけっして多くはないだろう。だからこそ、解決の一つの方法は、大山泰弘氏のように、経営者が障害者に能力を発揮できるマネジメントをして、良質で適正価格である商品・サービスを生み出し、日本理化学工業のような価値を生み出していく企業をより多く輩出させていくことであろう。

「働けば自由になる」(Arbeit macht frei)。これはドイツのアウシュビッツに掲げられた文言だが、働くことが自由に繋がるとは一概にはいえない。しかし、現状の社会では働かなければ、欲を形に変えることも難しい。もしかしてこれから、ＡＩやロボットが発達して、人間が労働から解放される日が来るかもしれないし、またベーシックインカムにより働かないで最低限の生活をすることが可能になるかもしれない。それでも理想を実現しようとしたり、置かれている状況を覆そうと挑戦を挑む人々は存在するであろう。そんな時、過去の障害者のチャレンジ的行動が、その人々の先人として認識され、歴史や社会科学に刻まれていることを願う。

本書を書くにあたって、様々な方のご協力を頂いた。学問的な力量がなく、一〇％の脳が機能しない私に温かい励ましを下さった中京大学の寺岡寛教授、執筆部分を校正し、掲載許可を出してくださった日本理化学工業の大山隆久代表取締役社長、執筆されたものに対して掲載許可を出してくださった日本福祉事業総合研究所の福田雅彦代表取締役と視覚障害者用機器販売レッツの清野一博代表に感謝申し上げます。また、編集・出版でお世話になった、株式会社三恵社の片山剛之様にお礼申し上げます。

そして最後ではあるが、この執筆は本学の出版助成を受けている。本学の建学の精神である「真に信頼して事を任せうる人格の育成」に寄与できたことを願っている。

二〇二〇年　十月三〇日

寺島雅隆

【や行】

焼きたて屋コパン、http://ycopan.com/kaisha.html、アクセス2020年3月31日

山城章（1968）『新講経営学』、中央経済社

山本安二郎（1977）『日本経営学五十年』東洋経済新報社

吉藤健太朗（2017）『「孤独」は消せる。』サンマーク出版

同（2019）『サイボーグ時代〜リアルとネットが融合する世界でやりたいことを実現する人生の戦略〜』きずな出版

吉藤オリィの twitter、https://twitter.com/myendores、アクセス2020年9月2日

米澤旦（2014）「障害者と一般就労者が共に働く『社会的事業所』の意義と課題──共同連を事例とし」『日本労働研究雑誌』56(5)、pp. 64-75

脇夕希子（2019）「ダイバーシティとインクルージョンの概念的差異の考察」『商経論叢』60(2)、pp. 33-44

和佐大輔（2013）『テトラポットに札束を』幻冬舎

【わ行】

わっぱの会オフィシャルサイト、https://www.wappa-no-kai.jp/、アクセス2020年4月19日

中川純(2019)「障害者の定義と政策のグランドデザイン」『週刊社会保障>』、株式会社法研 No. 3019、pp. 44-49

長江亮(2013)「障害者雇用と企業業績」『早稲田大学高等研究所紀要』(5)、pp.67-79

同(2014)「障害者雇用と生産性」『日本労働研究雑誌』56(5)、pp. 37-50

日本障害者リハビリテーション協会(2003)「働く力——起業力を生み出す」『ノーマライゼーション』23(9)

日本障害者リハビリテーション協会情報センター(2007)「資料都道府県・政令指定都市における独自の手当等一覧」『ノーマライゼーション障害者の福祉』第27巻通巻309号

日本理化学工業オフィシャルサイト、https://www.rikagaku.co.jp/company/outline.php、アクセス2020年9月4日

野中由彦, 内木場雅子(2007)「障害者の多様な就業形態の実態と質的向上等の課題に関する研究」『独立行政法人高齢・障害者雇用支援機構——障害者職業総合センター』、pp. 78-81

【は行】

裴富吉・黒田勉(1985)『素描・経営学原理』学文社

橋爪大三郎, 大澤真幸ほか(2016)『社会学講義』ちくま新書

初瀬勇輔(2019)『いま、絶望している君たちへ パラアスリートで起業家。2枚の名刺で働く』日本経済新聞出版社

林美恵子(2009)「あなたもできる!!——ハンディを在宅ワークで乗り越えて——」『ノーマライゼーション障害者の福祉』通巻266号

番田雄太のtwitter、https://twitter.com/origamicat/status/971223624756555776、アクセス2020年9月2日

姫路まさのり(2020)『障がい者だからって、稼ぎがないと思うなよ。:ソーシャルファームという希望』新潮社

福永文美夫(2007年)『経営学の進化——進化論的経営学の提唱——』文眞堂

星加良司(2007)『障害とは何か——ディスアビリティの社会理論に向けて』生活書院

【ま行】

前野隆司(2019)『幸せな職場の経営学』小学館

松岡克尚(2010)「障害モデル論の変遷と今後の課題について」『関西学院大学人権研究』(14)、pp. 13-33

文教科学委員会調査室 有薗裕章(2010)「『高校無償化』の意義～公立高校授業料不徴収及び高等学校等就学支援金支給法案～」立法と調査 No. 302、pp. 17-24

寺島雅隆, 鄭南(2020)「日本残障者就业现状及相关社会政策支持研究」『社会政策研究』No. 19(02)、pp. 66-78

電通ダイバーシティ・ラボ「LGBT 調査2018」、https://www.dentsu.co.jp/news/release/2019/0110-009728.html、アクセス2020年9月4日

東洋経済「CSR 企業総覧(雇用・人材活用編)」https://toyokeizai.net/articles/-/305750、アクセス2020年9月19日

遠山真世(2004)「障害者の就業問題と社会モデル――能力をめぐる試論」『社会政策研究』(4)、pp. 163-182

同(2017)「障害者就労継続支援 B 型事業所における就労支援の現状と課題(1)Z県内3事業所の質的調査から」『高知県立大学紀要. 社会福祉学部編』66、pp. 91-103

特定非営利活動法人NPO人材開発機構(2011)「新しい障害者の就業のあり方としてのソーシャルファームについての研究調査」『厚生労働省・平成22年度障害者総合福祉推進事業』

特定非営利活動法人全国就業支援ネットワーク(2018)「就業継続支援A型・B型の賃金・工賃の向上に関するモデル事例収集と成功要因の分析に係る調査研究」『厚生労働省平成29年度総合福祉推進事業』

冨安徳久(2008)『ぼくが葬儀屋さんになった理由』ホメオシス

【な行】

内閣官房日本経済再生総合事務局(2020)「フリーランス実態調査」

内閣府(2012)『障害者白書:図表1――35賃金・工費の平均月額』

同(2017)「日本経済2016-2017――好循環の拡大に向けた展望――」内閣府政策統括官(経済財政分析担当)

同(2019)「2018年度国民経済計算(2011年基準・2008SNA)」

同(2019)「満足度・生活の質に関する調査に関する第1次報告書」政策統括官経済社会システム担当

内閣府 NPO サイト、https://www.npo-homepage.go.jp/npoportal/detail/111000557、アクセス2020年4月19日

中西孝平, 竹本拓治(2016)「障害者の自立と起業」『福井大学大学院工学研究科研究報告』64、pp. 69-77

中西孝平(2016)「障害者の起業と庶民金融」『パーソナルファイナンス研究』No. 3

同(2017)「障害者の創業と生活福祉資金貸付制度」『パーソナルファイナンス研究』4(0)、pp. 33-52

中尾文香(2017)「就労継続支援 B 型事業所における知的障害者の Quality of Working Life(QWL)のあり方について――混合研究法による考察――」『東洋大学社会福祉研究』(10)、pp. 75-79

厚生労働委員会調査室

佐藤仙務(2012)『働く、ということ──十九歳で社長になった重度障がい者の物語』彩図社

同(2014)『寝たきりだけど社長やってます』彩図社

佐藤仙務,恩田聖敬(2017)『2人の障がい者社長が語る絶望への処方箋』左右社

塩田芳享(2018)『寝たきり社長 佐藤仙務の挑戦』致知出版社

障害者労働研究会(2002)「21世紀における障害者の就労と生活のあり方とその環境条件に関する総合的調査」『障害者労働研究会』

杉本敏夫, 柿木志津江(2016)『障害者福祉論』ミネルヴァ書房

杉野昭博(2007)『障害学──理論形成と射程』東京大学出版会

千恵蘭(2017)「障害者就労における労働と福祉の融合をめざす一考察」『佛教大学大学院紀要 社会福祉学研究科篇』(45)、pp. 53-68

総務省(2012)『情報通信白書:第1部』

総務省統計局(2018)「平成29年就業構造基本調査」

【た行】

竹内英二(2007)「障害者雇用における中小企業の役割と課題」『調査季報』第80号、pp. 18-32

竹前栄治(2002)『障害者政策の国際比較』明石書店

田島壮幸責任編集(1997)『経営学用語辞典』税務経理協会

立岩真也(1997)『私的所有論』勁草書房

同(2012)『差異と平等』青土社

同(2018)『不如意の身体──病障害とある社会──』青土社

同「できない・と・はたらけない──障害者の労働と雇用の基本問題──」『季刊社会保障研究』37(3)、pp. 208-217

知多共働事業所、https://shogaisha-shuro.com/shuro/aichi/16759、アクセス2020年4月19日

中小企業庁(2017)『2017年版中小企業白書』「第2部中小企業のライフサイクル」

手塚直樹(2000)『日本の障害者雇用──その歴史・現状・課題』光生館

寺岡寛(2015)『強者論と弱者論──中小企業学の試み』中京大学企業研究所

寺島彰(2005)「障害者政策研究の現状と今後に関する考察」『総合福祉』Vol2、pp. 25-34

寺島雅隆(2010)「上場企業の経営者学歴と起業動機──起業家を生み出すための教育」『日本国際秘書学会研究年報』(17)、pp. 2-24

同(2013)『起業家育成論─育成のための理論とモデル』唯学書房

明石書籍
川口大司(2019)『労働経済学――理論と実証をつなぐ』有斐閣
川島薫(2018)『障がい者の能力を戦略にする』中央公論新社
金 紋廷(2016)「企業の障害者雇用実態と課題に関する研究:～企業の障害者雇用実態調査を中心に～」『トータルリハビリテーションリサーチ3(0)、pp. 28-45
ギャラップ株式会社オフィシャルサイト、https://www. gallup. co. jp/204734/world-poll. aspx、アクセス2020年9月8日
工藤正(1999)「障害者の多様な就業組織と就業形態」『季刊職リハネットワーク』、pp. 3-6
同(2003)「シリーズ働く 視覚障害者の授産、起業・創業に思う」『視覚障害』(184)
厚生労働省(2005)「生活保護制度の現状等について」『生活保護費及び児童扶養手当に関する関係者協議会』第1回2005年4月20日厚生労働省提出議事録資料
同(2008)「平成18年身体障害児・者実態調査結果」厚生労働省社会・援護局障害保健福祉部企画課
同(2012)「OECD 基準の社会支出の国際比較」国立社会保障・人口問題研究所
同(2018)「生活保護の被保護者調査(平成30年3月分概数)の結果」社会・援護局保護課
同(2018)「生活保護の被保護者調査(平成30年3月分概数)の結果」
同(2019)「国民生活基礎調査の概況」政策統括官付参事官付世帯統計室
同(2019)「最低賃金の適用される労働者の範囲」
同(2019)「障害者雇用実態調査」職業安定局障害者雇用対策課地域就労支援室
同(2019)「令和元年障害者雇用状況の集計結果」
同(2019)「令和元年版 労働経済の分析」
同(2019)『雇用保険事業年報』
河野正輝(2017)「障害とは何か:法における障害と障害者の定義を中心に」『法学セミナー』745号、pp. 26-29

【さ行】

埼玉県オフィシャルサイト、https://www. pref. saitama. lg. jp/a0801/sibusawaeiichishou. html、アクセス2020年9月10日
斎藤縣三(2010)「わっぱの会――社会的事業所をめざし」『ノーマライゼーション』30(10)、pp. 12-15
榊原賢二郎ほか(2019)『障害社会学という視座――社会モデルから社会学的反省へ』新曜社
坂本光司(2008)『日本でいちばん大切にしたい会社』あさ出版
捧直太郎(2020)「令和2年度(2020年度)社会保障関係予算」『立法と調査』No.420、

一般社団法人シシン「障害者就労支援情報」、https://shogaisha-shuro. com/shuro/aichi/16759、アクセス2020年4月19日

伊藤綾香(2016a)「障害者運動における障害者と健常者の連帯的活動の展開:1970年代の「わっぱの会」の活動を事例に」『福祉社会学研究』13(0)、pp. 82-105

同(2016b)「『わっぱの会』における対抗文化的手法の変遷」『社会学年』45巻、pp. 51-61

同(2018)「知的障害者就労支援施設間での『支援』の多様性──異なる障害者運動をルーツに持つ三団体の比較から──」『保健医療社会学論集』29(1)、pp. 50-60

稲葉振一郎, 立岩真也(2006)『所有と国家のゆくえ』日本放送協会

入山章栄(2012)『世界の経営学者はいま何を考えているのか──知られざるビジネスの知のフロンティア』、英治出版

同(2015)『ビジネススクールでは学べない世界最先端の経営学』日経 BP

インサイト(2019)「就労継続支援A型就労継続事業所の経営改善に関する調査研究」『平成30年の障害者福祉推進事業』

宇都宮まちづくり貢献企業の紹介、https://www. csr-utsunomiya. net/instance/detail. php?id=97、アクセス2020年3月31日

NPO 法人共同連、https://kyodoren. org/?page_id=38、アクセス2020年4月19日

江本純子(2017)「システムとしての『職場』における障害者雇用の効用―生涯を通じたディーセントワークの実現」『社会政策』8(3)、pp.92-105

大山泰弘(2009)『働く幸せ──仕事でいちばん大切なこと』WAVE 出版

小川喜道, 杉野昭博(2014)『よくわかる障害学』ミネルヴァ書房

小倉昌男(2003)「福祉を変える経営〜障害者の月給1万円からの脱出」日経 BP

【か行】

垣内俊哉(2016)『バリアバリュー障害を価値に変える』新潮社

影山摩子弥(2012)「障がい者雇用の『組織内マクロ労働生産性』改善効果」『横浜市立大学論叢』63(1-3)、pp. 45-81

同(2013)『なぜ障がい者を雇う中小企業は業績を上げ続けるのか?』中央法規

片岡信之(1990)『日本経営学史序説』文真堂

勝又幸子(2008)「国際比較からみた日本の障害者政策の位置づけ──国際比較研究と費用統計比較からの考察」『季刊社会保障研究』44(2)、pp.138-149

金井光一氏【チャレンジド・コミュニティ】チャレンジドの自立・参加・協働で魅力的な地域社会づくり、http://arikata-daigaku. com/kaneikoichi、アクセス2020年3月31日

兼元謙任(2007)『ホームレスだった社長が伝えたい働く意味』大和書房

狩俣正雄(2012)『障害者雇用と企業経営──共生社会に向けたスピリチュアル経営』

── (1954), The Practice of Management, Harper & Row.（上田惇生訳『現代の経営』（上下, ドラッカー名著集2・3）ダイヤモンド社, 2006年）

── (1969), *The Age of Discontinuity,* Harper & Row.（上田惇生訳『断絶の時代──いま起こっていることの本質』ダイヤモンド社, 1999年）

── (1974) *Management: Tasks, Responsibilities,* Practices.（上田惇生訳『マネジメント──基本と原則』ダイヤモンド社, 2001年）

── (1985), *Innovation & Entrepreneurship,* Harper&Row.（上田惇生・佐々木実智男訳『イノベーションと企業家精神』（ドラッカー名著集5）ダイヤモンド社, 2007年）

── (1993), *Post-Capitalist Society,* Harper Buisiness.（上田惇生・佐々木美智男・田代正美訳『ポスト資本主義社会』ダイヤモンド社, 2007年）

Porter, Michael（１９８０）*Competitive Strategy: Techniques for Analyzing Industries and Competitors,* Free Press.（土岐坤・服部照夫・中辻万治訳『競争の戦略』ダイヤモンド社, 1995年

Scott A. Shane (2008) *The Illusions of Entrepreneurship: The Costly Myths That Entrepreneurs, Investors, and Policy Makers Live By,* Yale University Press.（谷口功一・中野剛志・柴山桂太訳『起業という幻想：アメリカンドリームに現実』白水社, 2011年）

Taylor, F. W. (1911) *The Principles of Scientific Management,* Harper&Row.（上野陽一訳編『科学的管理法』産業能率短期大学出版部, 1969年）

Webマガジンディスアビリティー・ワールド,「2002年1月号」, https://www. dinf. ne. jp/doc/japanese/daw/wz0204003. html、アクセス2020年3月31日

【あ行】

ILO「ディーセント・ワーク」、https://www. ilo. org/tokyo/about-ilo/decent-work/lang--ja/index. htm、アクセス2020年9月14日

ILO駐日事務所（2016）『国際労働基準──ILO条約・勧告の手引き』

愛知県（2018）「就労継続支援A型事業所の平均工賃額一覧」『地域生活支援グループ』

青山英男（1998）「『障害者雇用コスト』考──営利企業の障害者雇用と倒産リスク」『経営と情報』10(1)、pp. 1-10

荒尾雅文, 潮見泰藏（2014）「障害者の幸福度は健常者と差があるのか?」『理学療法学Supplement』2013(0)、p. 1386

荒川明宏（2014）「視覚障害者とスマートフォン」『月刊ノーマライゼーション』5月号

石尾絵美（2008）「障害の社会モデルの理論と実践」『技術マネジメント研究』(7)、pp. 37-49

石川准, 倉本智明（2002）『障害学の主張』明石書店

石川准, 長瀬修（1999）『障害学への招待』明石書店

参考文献

Alfred D. Chandler Jr. (1977) *The Visible Hand: The Managerial Revolution in American Business*, Harvard University Press.（鳥羽欽一郎・小林袈裟治訳『経営者の時代――アメリカ産業における近代企業の成立――』東洋経済新報社, 1979年）

Barnard, C. I., (1938) *The Functions of the Executive*, Harvard University Press.（山本安次郎・田杉競・飯野春樹訳『新訳 経営者の役割』ダイヤモンド社, 1968年）

Daniel, Kahneman(2013), *Thinking, Fast and Slow*, FSG Adult.（村井章子訳『ファスト＆スロー下』早川書房, 2014年）

Global Entrepreneurship Research Association, "GEM 2016/2017 GLOBAL REPORT" https://www.gemconsortium.org/report/49812, 2020年8月1日現在

Henri Fayol, (1966) *Administration industrielle et générale*, Dunod.（佐々木恒男訳『産業ならびに一般の管理』未来社, 1972年）

Henry Mintzberg（１９７３）*The Nature of Managerial Work,* Harpercollins College Div.（奥村哲史・須貝栄訳『マネジャーの仕事』白桃書房）, 1993年

――（1973）*The Nature of Managerial Work,* Harpercollins College Div.（奥村哲史・須貝栄訳『マネジャーの仕事』白桃書房, 1993年）

INTERNETWatch「元ホームレス社長の抱く大きな夢 OKWave 社長 兼元謙任氏」https://internet.watch.impress.co.jp/cda/president/2008/04/07/19055.html、アクセス2020年9月2日

Joseph, A. Schumpeterr（１９１２）*Theorie der wirtschaftlichen Entwicklung,* Duncker & Humblot Gmbh（塩野谷祐一・東畑精一・中山伊知郎訳『経済発展の理論――企業者利潤・資本・信用・利子および景気の回転に関する一研究〈上〉』岩波文庫, 1977年）

Malo, Miguel A., and Ricardo Pagan（2012）Wage differentials and disability across Europe: Discrimination and/or lower productivity?. International Labour Review, Vol. 151, No. 1-2, 43-60.

McGovern, Marion（2017）Thriving in the Gig Economy: How to Capitalize and Compete in the New World of Work, Career Press.（斉藤裕一訳『ギグ・エコノミー襲来 新しい市場・人材・ビジネスモデル』CCC メディアハウス、2018年）

Nirje, Bengt（1993）*The Normalization,* PrincilePapers.（河東田博, 橋本由紀子, 杉田穏子, 和泉とみ代訳『ノーマライゼーションの原理――普遍化と社会変革を求めて』現代書館、1998年）

Peter, F. Drucker（1949）*The Unfashionable Kierkegaard,* Swanee Review.（上田惇生・佐々木実智男・林正・田代正美訳『すでに起こった未来』ダイヤモンド社, 1994年）

み

め

も

や

ゆ

よ

ら

り

ろ

わ

な

に

の

は

ひ

ふ

ほ

ま

こ

さ

し

う

え

お

か

き

く

け

索　引

B

C

G

I

L

N

O

Q

U

W

あ

い

【著者紹介】

寺島　雅隆

1964年生まれ
愛知東邦大学　経営学部准教授　　経営学博士（中京大学）

<主著>

『起業家育成論――育成のための理論とモデル』唯学書房（2013年）、『ケースで考える情報社会：これからの情報倫理とリテラシー』（共著）三和書籍（2010年）、『これだけ知っ得！身につけ得！――企業が求める常識とマナー』（共著）東京法令出版（2009年）、「日本残障者就业现状及相关社会政策支持研究」（共著）『社会政策研究』No. 19（2020年）

障害者の経営学　雇用から企業へ

2021年3月1日発行

著　　者　寺島 雅隆

発 行 所　株式会社 三恵社
〒462-0056　愛知県名古屋市北区中丸町 2-24-1
TEL.052-915-5211　　FAX.052-915-5019
URL https://www.sankeisha.com

ISBN 978-4-86693-342-9　C1036